oekom

ClimatePartner°
klimaneutral
Verlag | ID: 128-50040-1010-1082

Dieses Buch wurde klimaneutral hergestellt. CO_2-Emissionen vermeiden, reduzieren, kompensieren – nach diesem Grundsatz handelt der oekom verlag. Unvermeidbare Emissionen kompensiert der Verlag durch Investitionen in ein Gold-Standard-Projekt. Mehr Informationen finden Sie unter www.oekom.de.

Bibliografische Information der Deutschen Nationalbibliothek:
Die Deutsche Nationalbibliothek verzeichnet diese Publikation in der Deutschen Nationalbibliografie; detaillierte bibliografische Daten sind im Internet unter http://dnb.d-nb.de abrufbar.

Gesellschaft für ökologische Kommunikation mbH,
Waltherstraße 29, 80337 München

Umschlaggestaltung: Elisabeth Fürnstein, oekom
Umschlagabbildung: © frescomovie – 123rf.com; Bildmontage: Alrun Vogt
Druck: Bosch-Druck GmbH, Ergolding

Dieses Buch wurde auf 100%igem Recyclingpapier gedruckt.

ISBN 978-3-86581-805-8

FSC www.fsc.org
RECYCLED
Papier aus Recyclingmaterial
FSC® C011862

Alrun Vogt

Wirtschaft anders denken

Vom Freigeld bis zum Grundeinkommen

Mit Dank an Prof. Joseph Huber, Prof. Bernd Senf,
Prof. Christian Kreiß, Horst Seiffert und an alle, die an der
Entstehung dieses Buches mitgeholfen haben.

Inhalt

Vorwort

Wir sollten uns nicht so gebärden, als ob das Erkennen volkswirtschaftlicher Zusammenhänge nur den Gralshütern vorbehalten bliebe, die auf der einen Seite wissenschaftlich, auf der anderen Seite demagogisch ihre verhärteten Standpunkte vortragen. Nein, jeder Bürger unseres Staates muss um die wirtschaftlichen Zusammenhänge wissen und zu einem Urteil befähigt sein, denn es handelt sich hier um Fragen unserer politischen Ordnung, deren Stabilität zu sichern uns aufgegeben ist.

Ludwig Erhard, 1962

Unser Geld- und Wirtschaftssystem wirft viele Fragen auf und sie werden angesichts der anhaltenden Finanzkrise drängender denn je. In den Medien werden meistens maßlose Spekulationen, mangelnde Finanzkontrollen und Verschuldung als Ursache der Finanzkrise beschrieben. Doch, wie wir noch sehen werden, sind dies selbst nur Symptome. Die tiefere Ursache der Krise liegt im System selbst.

Die elementaren Grundlagen unseres Geld- und Wirtschaftssystems werden noch zu selten untersucht und kritisiert. Ein Grund dafür ist, dass das System von vielen nicht verstanden wird, insbesondere von Ökonomen nicht. Und das ist auch kaum verwunderlich, denn an den Universitäten wird das System als solches kaum hinterfragt. Mehr noch: In der klassischen und neoklassischen Schule der Wirtschaftswissenschaft wird zum Beispiel gelehrt, dass Geld nur wie ein neutraler

Schleier über den Tauschvorgängen liege, der in keinerlei Wechselwirkung mit diesen stehe. Das führt dazu, dass die meisten volkswirtschaftlichen Modelle den Faktor Geld als Variable gar nicht berücksichtigen. Wird er doch einmal berücksichtigt, so wird meistens vorausgesetzt, dass die Geldmenge eine von außen vorgegebene feste Größe sei, die von realwirtschaftlichen Vorgängen unbeeinflusst bleibe. Dadurch ist auch zu erklären, warum die Rechenmodelle der universitären Volkswirtschaftslehre in Bezug auf die Finanzkrise komplett versagten.

Einrichtungen wie die Marktwirtschaft oder das heutige Bodenrecht werden ebenfalls nicht kritisiert.

Auch wird in der Volkswirtschaftslehre immer noch gelehrt, dass die Banken das Geld der Sparer an die Kreditnehmer weiterreichen, wie es uns auch gewöhnlich seit der Kindheit von Eltern und Lehrern erzählt wurde. Das erschwert, dass die Problematik der Geldschöpfung erkannt wird. Dabei kann mittlerweile jeder auf der Internetseite der Bundesbank nachlesen, dass heute in Zeiten des unbaren Geldes die Spareinlagen nicht mehr weitergereicht werden, was bedeutet, dass Banken gar keine Kreditvermittler mehr sind. Das hindert die Volkswirte nicht daran, so zu tun, als sei dies alles falsch, als sei immer noch die Ersparnisbildung die Grundlage des verliehenen Geldes. Dies veranlasste Wirtschaftsprofessor Gunnar Heinsohn in einer mündlichen Diskussion einmal zu dem Satz: «Der Banklehrling weiß, woher das Geld kommt. Der Volkswirtschaftsprofessor weiß es nicht!»

Ein zweiter Grund, weshalb die Grundlagen des Geld- und Wirtschaftssystems zu selten kritisiert werden, ist, dass diejenigen, die darüber aufklären könnten, nämlich die Reichsten und Mächtigsten, kein Interesse an einer Aufklärung haben. Zusätzlich fällt es oft auch nicht leicht, die Grundlagen unserer

Gesellschaft komplett in Frage zu stellen; einer Gesellschaft, in der alles so rational, wissenschaftlich und menschlich begründet erscheint.

Und schließlich scheuen sich viele deshalb vor einer grundlegenden Kritik an unserem System, weil sie glauben, dass es keine brauchbaren Alternativen gäbe.

Doch die Alternativen gibt es. Über die wichtigsten Ansätze soll hier ein Überblick gegeben werden. Wenn sie nicht näher bekannt sind, so liegt es nicht daran, dass sie eventuell schlecht durchdacht sind, sondern an den Machtverhältnissen oder der Voreingenommenheit in den Medien und der Wissenschaft.

Ganz andere Denkweisen sind nötig, um zu erkennen, dass es möglich ist, die Ökonomie von einer Macht- und Konkurrenzwirtschaft in eine soziale Wirtschaft umzuwandeln. Und dafür muss wiederum zunächst die nähere Wirkungsweise unseres jetzigen Systems verstanden werden.

So wollen wir uns als erstes den grundlegenden Fehlern in unserem Finanzsystem zuwenden.

Teil I:
Die Grundfehler unseres Geldsystems

Der Mechanismus von Zins und Zinseszins

Ein System mit Verfallsdatum

In dem kapitalistischen System steckt ein Rechenfehler. Die Kapitalisten können nicht rechnen. Das ist die ganze Wahrheit. Wenn sie rechnen könnten, würden sie wissen, dass keine Wirtschaft andauernd Zins und Zinseszins zahlen kann.

Paul C. Martin, in «Wann kommt der Staatsbankrott»

Unser Geldsystem kann rein mathematisch nicht dauerhaft funktionieren, es hat sozusagen ein unbestimmtes Verfallsdatum. Eine Rechnung kann dies veranschaulichen, die Rechnung vom sogenannten Josephspfennig oder Josephscent:

Wenn Joseph, der Vater von Jesus, im Jahre null einen Cent auf eine Bank gelegt hätte und darauf kontinuierlich fünf Prozent Zins und Zinseszins erhalten hätte – auf welches Vermögen hätte sich dann dieser Cent im Laufe der Zeit vermehrt? Bis zum Jahr 2000 auf sage und schreibe 28 Milliarden (!) Erdkugeln aus Gold, wenn man den Goldpreis aus dem Jahr 2000 zur Grundlage nimmt.[1]

Nach hundert Jahren hätte sich nicht viel getan, es wären dann 1,32 Euro. Nach circa dreihundert Jahren hätte sich erst ein Kilogramm Gold angesammelt, 1242 wäre es dann schon eine Goldkugel vom Volumen der Erde, keine dreihundert Jahre später wären es schon eine Million Erdkugeln aus Gold. Hätte man den Zinseszins ausgeklammert und jedes Jahr fünf Prozent Zinsen auf jeweils einen Cent gezahlt, dann hätte sich der Cent aus dem Jahre null bis zum Jahr 2000 nur auf das Hundertfache vermehrt, nämlich auf einen Euro. Nicht der Zins ist also das Problem, sondern der Zinseszins.

Unterschiedliche Wachstumsabläufe

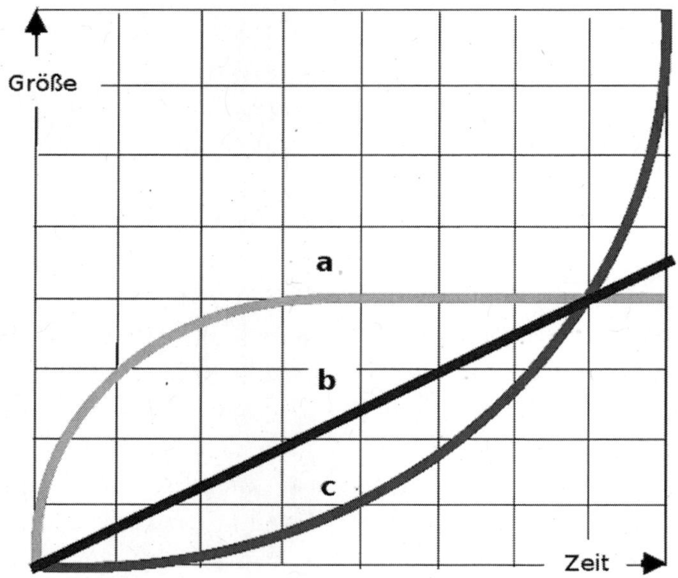

a) Natürlicher Wachstumsablauf (abnehmend, zur Stabilisierung tendierend)
b) Linearer Wachstumsablauf (gleichbleibender Zuwachs)
c) Exponentieller Wachstumsablauf (zunehmend mit Verdopplungsraten)

Quelle Grafik: Helmut Creutz, Grafikdatenbank, Nr. 066.

Dass dieses Rechenergebnis für uns völlig irreal erscheint, hängt damit zusammen, dass wir von unserer Veranlagung her keine Vorstellungskraft für exponentielles Wachstum[2] haben, es widerspricht unserer Intuition.[3] Das liegt wohl daran, dass wir länger anhaltendes exponentielles Wachstum aus der sichtbaren Natur nicht kennen. Eine natürliche Wachstumskurve ist dadurch gekennzeichnet, dass sie am Anfang rasant ansteigt, sich dann verlangsamt, bis sie in ein «Nullwachstum» und schließlich in einen Sterbeprozess übergeht. Bereits lineares Wachstum kommt in der Natur nicht vor. Exponentielles Wachstum schließlich ist das widernatürlichste; da, wo es in der Natur vorkommt, wie beim Krebswachstum, ist es mit Zerstörung, Krankheit und Tod verbunden.

Rechenbeispiele wie der sogenannte Josephspfennig zeigen uns, dass die Zinsen irgendwann nicht mehr bezahlt werden können. Unendliche Zinseszinsen sind in der realen Welt eine rechnerische Unmöglichkeit. Wir brauchen auch gar nicht in so großen Zeiträumen zu denken, um an die Grenze der Vermehrbarkeit des Geldes zu stoßen: Schon bei sechs Prozent Zins und entsprechendem Zinseszins verdoppelt sich ein Vermögen ohne Inflation alle zwölf Jahre!

Viele Menschen halten solchen Zinsrechnungen entgegen, Vermögen bliebe normalerweise gar nicht hunderte von Jahren auf der Bank liegen. Zwischendurch gäbe es Zusammenbrüche durch Kriege, Inflationen oder Währungsreformen.

Doch was wäre, wenn es keine Inflationen und Währungsreformen gäbe? Ja, dann müssten auf alle Sparbücher irgendwann ganze Erdkugeln aus Gold an Zinsen gezahlt werden. Kann es also sein, dass die Zusammenbrüche unserem Geldsystem gar nicht ungelegen kommen, ja sogar notwendig sind? Soll heißen: Man kann nicht sagen, solche Zinsrechnungen seien deshalb nicht relevant, weil es zwischendurch immer wieder

Zusammenbrüche gibt, denn möglicherweise sind diese Zusammenbrüche ja gerade eine Folge des Zinseszinseffektes.

In der Tat ist es historisch so, dass es in zinsbasierten Geldsystemen **durchschnittlich nach 50 bis 80 Jahren immer wieder wirtschaftliche Zusammenbrüche** gegeben hat.[4]

Die Statistiken belegen indes auch den gigantischen Anstieg der Vermögen; die Zinseszinsrechnungen sind also keine reinen Theorien. Menschen, die jeden Tag 100000 Euro und mehr verdienen? Es gibt sie. 1990 stand zum Beispiel einmal offiziell in der BILD-Zeitung, dass die BMW-Erbin Johanna Quandt, die von ihrem Vater drei Milliarden D-Mark geerbt hatte, jeden Tag 650000 Mark an Zinsen verdient.[5]

Kurz vor ihrem Tod 2015 wurde das Vermögen von Frau Quandt mit knapp 13 Milliarden beziffert, und zwar in Euro,[6] womit es mehr als acht mal so groß war, wie jene drei Milliarden DM aus dem Jahr 1990. Doch Frau Quandts Einkommen war längst nicht das höchste. Am 7. März 2008 meldete die Süddeutschen Zeitung auf Seite Eins, dass der Großinvestor Warren Buffet im letzten Jahr um zehn Milliarden Dollar reicher geworden ist. Das sind pro Tag (!) 27,3 Millionen Dollar, rund 25 Millionen Euro!

Und diese Vermögen vermehren sich weiter – mittlerweile weniger durch Bankzinsen als durch andere wirtschaftliche Beteiligungen. Es gibt keine gesetzliche Obergrenze für die Vermögensanhäufung. Die Zins- und Renditeforderungen verfallen nicht einmal, wenn man stirbt.

Nun mag man einwenden, dass die Zinssätze mittlerweile so niedrig sind, dass sie nicht einmal die Inflation ausgleichen. Dies ist jedoch nur ein Zeichen dafür, dass unser Zinseszinssystem, das in all den Jahren seine schädliche Wirkung aufgebaut hat, heute dabei ist, an seine Grenzen zu stoßen, so dass das Geld kaum mehr verzinst werden kann.

Können alle gewinnen?

Ich glaube, dass viele anständige Investmentbanker und grundehrliche Makler an der Börse, ihr Geld im Schweiße anderer Angesichter verdienen.

Harald Schmidt

Als die Zinsen noch höher waren als mittlerweile, hätte man sich denken, wir bräuchten nur alle etwas Geld zurückzulegen, dann könnten wir alle von der Geldvermehrung durch den Zinseszinseffekt profitieren; Bücher wie zum Beispiel das von Bodo Schäfer mit dem Titel «Ihre erste Million in sieben Jahren» suggerierten dies.

Aber nehmen wir einmal an, alle Deutschen würden solchen Ratgebern folgen und nehmen wir auch noch an, das gesamte deutsche Volksvermögen sei bei der Ausgangssituation sogar vollkommen gleich verteilt; dann hätte jeder Bürger ein Vermögen von circa 50000 Euro.[7] Wenn nun jeder 10000 Euro davon mit fünfprozentiger Verzinsung[8] anlegte, dann könnten wir uns rein rechnerisch alle nach 62 Jahren zur Ruhe setzen und unsere Kinder und Kindeskinder müssten nie mehr arbeiten. Denn nach diesem Zeitraum hätte sich das Geld auf circa 206000 Euro vermehrt, auf die nun jährlich wieder 10000 Euro Zinsen entfielen und zwar für immer; ja, es würde durch den Zinseszinseffekt theoretisch kontinuierlich exponentiell weiter wachsen. Alle könnten in der Sonne liegen und niemand müsste mehr arbeiten –. Aber wer stellt dann Nahrung, Kleidung und Wohnungen her?[9]

Dieses Beispiel zeigt, dass **nicht alle von diesem Geldvermehrungssystem profitieren können;** dass es nur funktionieren kann, wenn nur einige ihr Geld beiseite legen und noch andere da sind, die arbeiten und – Schulden machen.

Woher kommt der Zinsgewinn?

Stellen Sie sich einmal vor, Ihnen würde jemand regelmäßig einen Hunderter aus der Brieftasche nehmen. Ganz sicher würden Sie Anzeige erstatten. Nicht anders würden Sie wahrscheinlich reagieren, wenn jemand bei jedem Ihrer Käufe nach Mafiaart einen bestimmten Anteil der Kaufsumme abkassieren würde. Genau das aber passiert bei jedem von uns! Jeden Tag, bei jedem Kauf, in einem immer größeren Umfang.

Helmut Creutz, in «Das Geldsyndrom»

Woher kommt dieses Geld, das sich auf der Bank scheinbar von alleine vermehrt; je mehr es ist, desto schneller?

Es kommt von den Menschen, die einen Kredit aufgenommen und Zinsen darauf gezahlt haben.

Nun könnte man sich denken: Wer Schulden aufnimmt, ist selbst dafür verantwortlich. Er hat mit dem erhaltenen Kredit auch die Möglichkeit, in etwas zu investieren, woraus er Profit machen kann.

Aber nur circa fünf Prozent aller Schulden in Deutschland werden von Privatleuten aufgenommen.[10] Den Rest der Schulden machen die Unternehmen und der Staat, und diese wälzen ihre Zinslasten auf die Allgemeinheit ab, die dadurch zwangsweise Zinsen zahlt. Denn was macht ein Unternehmer, der einen Kredit aufgenommen hat, um diesen abzahlen zu können? Er schlägt die Zinsbelastung auf den Endpreis seiner Produkte auf oder trifft Rationalisierungsmaßnahmen, wie zum Beispiel die Entlassung von Mitarbeitern, was ebenfalls die Allgemeinheit belastet. Der Staat treibt die Zinsen für seine Schulden über die Steuern ein.

Durchschnittlich ist heute in allen Preisen ein Zinsanteil von mindestens 40 Prozent enthalten.[11] Beim Mietpreis liegt der durchschnittliche Zinsanteil sogar bei 70 Prozent.[12] Wir alle zahlen also Zinsen.

Ob man in diesem System zu den Verlierern oder Gewinnern zählt, kann man sich leicht ausrechnen: Man nimmt 40 Prozent seiner Ausgaben in einem bestimmten Zeitraum und schaut dann, ob die eigenen Zinserträge im selben Zeitraum jenen Betrag übersteigen. Nur wenn dies der Fall ist, profitiert man von diesem System. Das betrifft nur ungefähr zehn Prozent der Deutschen.[13]

Es gibt noch **andere Geldvermehrungsformen** mit Zins und Zinseszins, wie Investmentfonds, Genussscheine, Zertifikate. Die Geldvermehrung läuft dort nach dem gleichen Prinzip ab. Auch hier kommen letztendlich die Konsumenten für die Gewinne auf.

Die Vermögensverteilung

Aus 100 Dollar 110 Dollar zu machen ist Arbeit. Aus 100 Millionen Dollar 110 Millionen zu machen, ist unvermeidlich.

Edgar Bronfmann, Milliardär und Chef von Seagram

Den Vermögenstransfer von Arm nach Reich – man könnte auch sagen von der Arbeit zum Kapital – kann man in den statistischen Daten genau wiederfinden. Wenn man alle deutschen Haushalte in zehn gleich große Einkommensgruppen einteilt, dann kann man etwa Folgendes sehen: Von 1991 bis 2010 hatten die ärmeren neun Einkommensgruppen kontinuierlich immer weniger Anteil am gesamten Volkseinkommen. Das oberste Zehntel wurde ungefähr um diesen Anteil reicher.[14]

Weltweit öffnet sich die Schere zwischen Arm und Reich rasant. Die 226 größten Privatvermögen der Welt waren 2003 ebenso groß wie die Vermögen von 2,7 Milliarden der ärmsten Menschen auf der Welt.[15] Das Vermögen der drei reichsten Personen ist größer als das gemeinsame Bruttoinlandsprodukt der 48 am wenigsten entwickelten Länder mit 600 Millionen Einwohnern.[16]

Lebensmittel gäbe es eigentlich genug. Die heutige Lebensmittelproduktion könnte vier Milliarden Menschen mehr ernähren.[17] Doch seit 1996 steigt die Zahl der Hungernden weltweit Jahr für Jahr an. Alle fünf Sekunden stirbt ein Kind an mangelhafter Ernährung, täglich verhungern 24000 Menschen.[18]

Manche sind der Meinung, dass die Milliardäre durch ihre Unternehmenstätigkeit den allgemeinen Wohlstand vermehren. Doch die folgende Grafik zeigt exemplarisch für Deutschland, dass ihre Vermögen viel schneller gewachsen sind als die Durchschnittslöhne und die Wirtschaft, die «nur» linear gewachsen sind. Bis 2010 sind die deutschen Geldvermögen um das 46fache exponentiell angestiegen, während die Wirtschaft seit 1950 «nur» um das achtfache angestiegen ist. Das heißt, dass diese Vermögenszuwächse nicht aus einem allgemein höheren Wohlstand finanziert werden, sondern für andere Menschen Verluste bedeuten.

Es ist erstaunlich, dass an dieser schleichenden, aber so drastischen Umverteilung kaum öffentlich Kritik geübt wird! Viel mehr im öffentlichen Bewusstsein als die leistungslosen Einkommen sind Einzelfälle von Sozialhilfeempfängern, die den Staat ausnutzen.

Wer ohne Arbeit Einkommen bezieht, ist theoretisch auch zur Steuerzahlung verpflichtet. Praktisch garantieren aber eine Reihe von Finanzschlupflöchern die Nichtkontrolle der Kapitaleinkünfte. Jedoch würden auch vorschriftsmäßig gezahlte Steuern die systembedingte Umverteilung nicht ausgleichen.

Das Schlimme ist, dass die Superreichen **nur einen Bruchteil ihrer Erträge verkonsumieren** können. Auch wenn man noch so verschwenderisch lebt, kann man täglich kaum 500000 Euro oder – wie im Falle von Warren Buffet – gar 25 Millionen Euro ausgeben. Was machen die Superreichen also mit ihren nicht ausgegebenen Kapitalgewinnen? Sie legen sie wieder gewinnbringend an.

Verdient jemand, den wir kennen, 20000 Euro im Monat, dann missbilligen wir dies und halten es für ungerecht. Lesen wir aber, dass irgend jemand monatlich zum Beispiel zwei Millionen oder sogar 20 Millionen Euro aus seinem Vermögen kassiert, löst das eher ehrfürchtiges Erstaunen oder neiderfüllte Anerkennung aus. Wir können uns hohe Vermögen nicht vorstellen, deshalb hört unsere Kritik wohl auf.

Geldvermögen, BIP und Nettolöhne in Dtl.

1950 bis 2010 Entwicklung in nominellen Größen – alle Werte in Mrd Euro

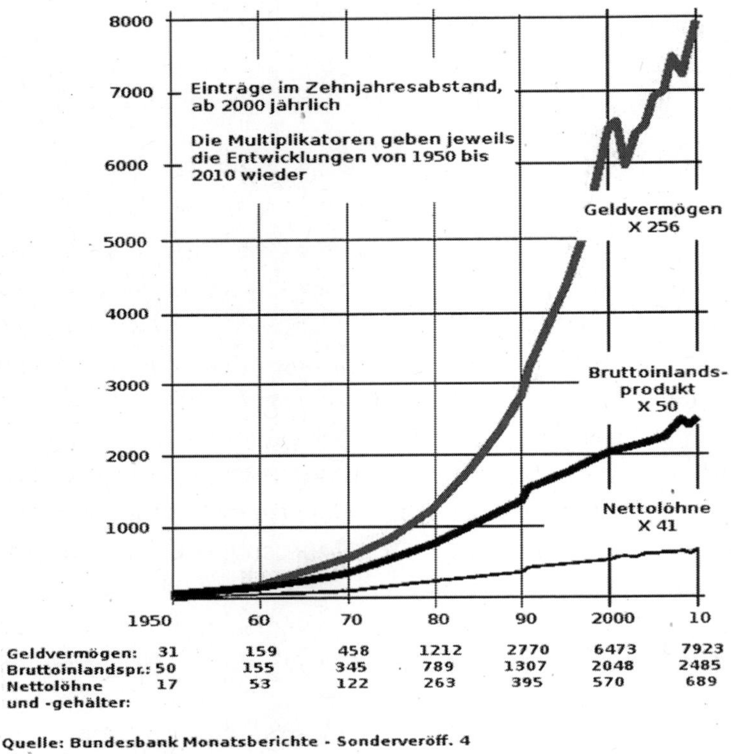

Grafik: Helmut Creutz, Grafikdatenbank, Nr. 110.

Aber machen wir uns einmal anschaulich, wie hoch etwa die Zahl eine Milliarde ist: Wer eine Million einzelne Geldstücke zählen will, braucht dafür 35 Tage, wenn er acht Stunden täglich jede Sekunde eine Münze zählt. Bei einer Milliarde Geldstücke braucht er dafür 96 Jahre. Um eine Milliarde Euro auszugeben, müsste man, wenn man 99 Jahre lebt und das Geld schon bei der Geburt erhalten hat, jeden Tag 27 674 Euro und ein paar Cent ausgeben – ein anstrengendes Leben.

Geldvermögen und Demokratie

Ich sehe in naher Zukunft eine Krise heraufziehen... In Friedenszeiten schlägt die Geldmacht Beute aus der Nation und in Zeiten der Feindseligkeiten konspiriert sie gegen sie. Sie ist despotischer als eine Monarchie, unverschämter als eine Autokratie, selbstsüchtiger als eine Bürokratie. Sie verleumdet all jene als Volksfeinde, die ihre Methode in Frage stellen und Licht auf ihre Verbrechen werfen... Eine Zeit der Korruption an höchsten Stellen wird folgen, und die Geldmacht des Landes wird danach streben, ihre Herrschaft zu verlängern,... bis der Reichtum in den Händen von wenigen angehäuft und die Republik vernichtet ist.

Abraham Lincoln (1809 - 1865), 16. Präsident der USA

Eine Zeitungsmeldung vom Februar 2008: Ein saudischer Prinz ersteigert sich für zehn Millionen Euro das Autokennzeichen mit der Ziffer «1» – für ihn ein Statussymbol. Wenn ein reicher Mensch bereit ist, für so etwas Triviales so viel Geld auszugeben, wie viel Geld sind dann Menschen wohl bereit, zur Beeinflussung eines Politikers oder zur Bestechung eines Richters auszugeben? Ökonomische Macht bedeutet immer politische Macht. Wenn man Einblicke in die Machtverhältnisse auf der Erde haben will, braucht man nur die Vermögensverteilung zu studieren. Vincent Vickers, ein britischer Großindustrieller, sagte 1938: «Unsere demokratische Ordnung und das bisherige Finanz- und Geldwesen können nicht mehr zusammen bestehen bleiben. Eines muss dem anderen den Weg freigeben.»[19]

Der Ursprung unseres Geldsystems am Beispiel eines kleinen Kreislaufs

99 Prozent der Menschen sehen das Geldproblem nicht. Die Wissenschaft sieht es nicht, die Ökonomie sieht es nicht, sie erklärt es sogar als nicht existent... Solange wir aber die Geldwirtschaft nicht als Problem erkennen, ist keine ökologische Wende möglich.

Prof. Hans Binswanger, Wirtschaftswissenschaftler

Die eigentliche Ursache dieses Geldsystems liegt nicht in einem kriminellen Kopf, sondern ist vielmehr ökonomisch herzuleiten.

Nehmen wir an, wir haben einen Kreis von fünf Personen: Einen Bauern, einen Bäcker, einen Müller, einen Schneider und einen Zimmermann; und es gibt nur einen Euro, der zwischen ihnen umläuft und die gesamte Geldmenge dieses Wirtschaftskreislaufs symbolisiert. Wenn der Euro einmal am Tag in der Runde umläuft und alle Preise einen Euro betragen, kann jeder einmal etwas kaufen sowie einmal etwas verkaufen; und sie hätten ein Bruttoinlandsprodukt (BIP) von fünf Euro erwirtschaftet, (beim BIP werden alle Geldabwicklungen einfach zusammengezählt).

Wenn der Euro zweimal am Tag umläuft, kann jeder zweimal etwas verkaufen und zweimal die Leistungen eines anderen in Anspruch nehmen. Dann hätten sie ein BIP von zehn Euro erwirtschaftet, obwohl es physisch nur einen Euro gibt – und so weiter.

Nicht nur die Menge des Geldes bestimmt also, wie viel Wohlstand herrscht, sondern insbesondere auch **die Umlaufgeschwindigkeit des Geldes!**[20]

Die Vorstellung, dass eine erhöhte Geldumlaufgeschwindigkeit zu Inflation führe, ist falsch.[21] Denn ein rascher Umlauf bedeutet ja nicht nur, dass mehr Geld ausgegeben wird, sondern auch, dass ebenso viel verdient und damit an Werten geschaffen wird. Eine größere oder geringere Umlaufgeschwindigkeit des Geldes zeigt also nur an, ob mehr oder weniger produziert und verbraucht wird.

Nehmen wir an, regulär macht in unserem Kreis das Eurostück dreimal am Tag die Runde. Jeder verkauft dreimal seine Leistung oder Ware und kauft dafür dreimal etwas. Alle geben das eingenommene Geld immer sofort aus, weil sie das Vertrauen haben, dass es ohnehin bald wieder bei ihnen «vorbeikommen» wird.

Irgendwann kommt das Geldstück bei dem Müller[22] vorbei, und dieser denkt sich: Ich brauche gerade nichts dringend. Es wäre zwar schön, mir jetzt dieses oder jenes zu leisten, aber es könnte ja sein, dass ich morgen dringend etwas brauche und dann kein Geld da ist, um es zu kaufen. Also behalte ich das Geld sicherheitshalber, es gehört ja mir.

Wenn der Müller das Geld nun einen Tag behält, dann haben die anderen in dieser Zeit jeweils einen Verlust von drei Euro, denn der Euro ist ja regulär bei jedem dreimal am Tag vorbeigekommen. Der Müller hat sich nichts Böses gedacht, er wollte nur für die Zukunft vorsorgen. Aber auf einmal kann in dieser

Wirtschaftsgemeinschaft kein Austausch der Güter mehr stattfinden. Ohne das Tauschmittel Geld steht die gesamte Wirtschaft still.

Was passiert, wenn der Müller das Geld weiterhin behält, weil er nicht darauf angewiesen ist, es zügig auszugeben? Die anderen mögen das Geld noch so dringend brauchen, sie haben kein Recht darauf, den Müller zu zwingen, das allgemeine Tauschmittel wieder herauszurücken.

Die Situation beobachtet nun eine kluge sechste Person, woraufhin diese eine geniale Idee hat. Sie geht zum Müller und fragt ihn, ob er ihr sein Geld eine Zeit lang leihen könnte. Zur Belohnung werde er nicht nur dieses Geld zurück erhalten, sondern noch fünf Prozent zusätzlich. Das findet der Müller verlockend, schließt mit dieser Person einen Vertrag und gibt den einen Euro her.

Dieses Geld bietet die kluge Person, die jetzt zum Bankier geworden ist, den anderen an, unter der Bedingung, dass sie sieben Prozent Zinsen darauf zahlen müssen. Und diejenige Person im Kreislauf, die das Geld gerade am dringendsten braucht, sagen wir der Bauer, sieht sich gezwungen, darauf einzugehen und nimmt den Kredit auf.[23]

Jetzt fließt das Geld weiter um – aber als Schuldgeld. Während früher die Leistungen der fünf Leute ausreichend waren, herrscht dadurch ab jetzt ein künstlicher Wachstumsdruck auf dieser Gesamtwirtschaft. Um die Schulden zurückzahlen zu können, erhöht der Bauer die Preise für das Mehl, das der Bäcker kauft. Dafür erhöht der Bäcker ebenfalls die Preise. Alle müssen jetzt mehr für das Brot bezahlen, theoretisch auch der Müller, aber der hat ja schon den Startvorteil gehabt, eine Zeit lang nicht auf das Geld angewiesen zu sein und so verdient er längerfristig mehr Zinsen als er Zinsen über die Preise bezahlt.

Der Bauer ist mit dem Müller befreundet und klagt ihm sein Leid, dass er Schulden hat. Und der Müller hat Mitleid und versteht den Zusammenhang nicht, dass der Bauer deshalb Schulden machen musste, weil er, der Müller, das Geld der Wirtschaft vorenthalten hat.

Von unseren Bekannten Zinsen zu verlangen, wenn wir ihnen etwas leihen, wäre uns in der Tat peinlich. Zu wissen, dass es der nette, verschuldete Nachbar ist, der die Zinsen für unser Sparbuch erwirtschaftet, wäre uns ebenfalls unangenehm. Doch die Bank anonymisiert den Vorgang. Sie lässt uns in gewisser Weise glauben, dass das Geld für uns arbeiten könnte.

Wenn nun der Bauer die Schulden inklusive sieben Prozent Zinsen zurückgezahlt hat, erhält der Müller fünf Prozent Zinsgewinn. Die Differenz von zwei Prozent behält der Bankier als Vermittlungsgebühr.

Doch halt: Woher kamen eigentlich die sieben Cent Zinsen, die der Bauer auf seinen Kredit von einem Euro zahlen musste? In unserem Kreislauf gab es doch nur einen Euro. Ein neues Problem, nämlich das Problem der Geldschöpfung taucht damit auf. Dazu gleich mehr.

Wenn der Müller sein Geld nun wieder nicht ausgibt, sondern auf der Bank liegen lässt, ist es so, dass er dieses Mal 1,05 Euro dem Kreislauf vorenthält. Dann müssen 1,05 Euro Schulden gemacht werden, damit der Allgemeinheit ebenso viel Geld wieder zur Verfügung steht, und wiederum Zinsen darauf bezahlt werden. Der Müller erhält dadurch nicht nur Zinsen auf den ursprünglichen einen Euro, sondern auch auf die fünf Cent, den Zinseszins.

Im gleichen Umfang, in dem sich bei den Geldbesitzern neue Überschüsse an Kaufkraft ansammeln, die sie nicht ausgeben, fehlen diese in der Wirtschaft. Und die Überschüsse müssen **durch zusätzliche Kredite in den Kreislauf zurück**

geschleust werden. Durch die Zinsen, die auf diese Kredite entfallen, sammelt sich aber bei den Vermögenden noch mehr Geld an. Und wenn diese es weiterhin nicht ausgeben, fehlt in der Wirtschaft noch mehr Geld, noch höhere Schulden müssen gemacht werden, die Vermögen wachsen noch weiter an, dadurch wieder die Schulden und so weiter – ein Teufelskreis:

Der monetäre Teufelskreis

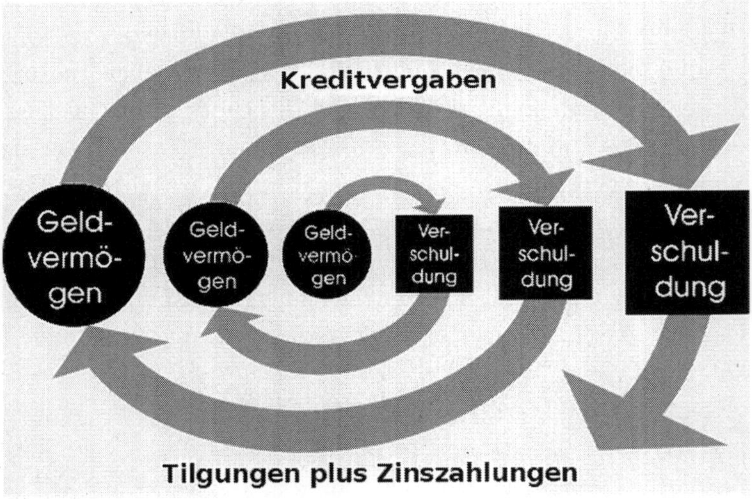

Grafik: Arbeitsgruppe Gerechte Wirtschaftsordnung, Folie 14.

Damit kann das Geld seine **Funktion als Tauschmittel nicht mehr voll erfüllen,** es ist zum Selbstzweck geworden: Derjenige, der ohnehin mehr Geld hat, als er verbrauchen kann, wird durch immer weitere Zinszahlungen belohnt. Der Geldbesitzer erhält eine Bevorzugung und die eigentlich produktiven Wirtschaftsteilnehmer werden von ihm abhängig.

Irgendwann könnten in unserem Beispiel die anderen vier Leute nicht mehr ihrerseits etwas ansparen, weil sie durch die Zinsen so stark belastet sind. Und irgendwann bricht durch die Schuldenlast die Wirtschaft zusammen.

Kann man angesichts dieser Entwicklung von einer Schuld des Müllers sprechen? Kaum, denn Geld zu sparen, um für die Zukunft vorzusorgen, ist ein berechtigtes Vorgehen. Die Schuld lag deshalb weniger beim Müller, als vielmehr in dem System, das es erlaubte, Geld zu Lasten der Allgemeinheit zu horten.

Das Geld steht in diesem, unserem System immer im Dilemma zwischen dem privaten Interesse und dem Interesse der Allgemeinheit. Im Grunde genommen ist es unerklärlich, warum dieses an sich grundlegende Problem ungelöst geblieben ist, während die Menschheit im technischen Bereich die größten Fortschritte gemacht hat. Wie das Problem zu lösen ist, werden wir noch sehen.

Das Problem der Geldschöpfung

Wie entsteht Geld?

Banken erfinden im Kreditprozess Geld. Wenn man aber Geld aus Luft erfindet und das, was vorher noch nicht existiert hat, verzinst weitergibt und dinglich absichern lässt, dann ist das (...) in Wahrheit ein Enteignungsmodell.

Prof. Franz Hörmann, Wirtschaftswissenschaftler

Zu dem Problem der Geldhortung kommt das Problem der Geldschöpfung hinzu. Um das Problem der Geldhortung und den Ursprung des Zinses vereinfacht zu erklären, sind wir zunächst von einem Wirtschaftskreislauf ausgegangen, in dem eine ursprüngliche Geldmenge einfach vorhanden war. Sie war von keiner Bank erzeugt worden. Und so war es auch früher einmal, als neues Geld durch neue Edelmetallfunde, Raubzüge oder Münzverschlechterung[24] zinslos in die Welt kam.

Heute entsteht jedoch Geld hauptsächlich als Kreditgeld und ist von Anfang an mit Zinsen belastet, egal, ob es sich um elektronisches Geld oder Bargeld handelt. Auch 1949 zum Beispiel, beim Start der D-Mark, waren die ersten 40 D-Mark, die jeder Bundesbürger als Startguthaben erhielt, bereits Kreditgeld.

Der Vorgang der Geldschöpfung ist unterschiedlich, je nachdem ob es sich um Bargeld oder Giralgeld handelt. Schauen wir uns zuerst den Vorgang der *Bargeldschöpfung* an:

Die *Geldscheine* werden von der staatlichen Zentralbank auf ihre Kosten gedruckt. Die Zentralbank verleiht sie dann gegen Zinsen[25] an die privaten Geschäftsbanken.[26] Bei *Münzen* ist es anders. Die einzelnen Regierungen der EU haben das Recht, sie selbst prägen zu lassen und herauszugeben – ein Überbleibsel des alten staatlichen Rechts, Münzen herauszugeben. Allerdings muss die Europäische Zentralbank (EZB) den Umfang der Münzausgabe genehmigen. Sie kauft dann die Münzen zum Nennwert den Mitgliedsstaaten ab, was eine kleine Zusatzeinnahme für die Staatshaushalte bedeutet, und verleiht sie zusammen mit den Geldscheinen an die Geschäftsbanken, die das Bargeld anfordern.

Die Geschäftsbanken nun vergeben das Bargeld, das sie sich von der Zentralbank geliehen haben, an ihre Kunden, die es abheben.

Um dieses Bargeld von der Zentralbank zu erhalten, musste die jeweilige Geschäftsbank vorher ein Pfand[27] bei der Zentralbank hinterlegen oder einen Vermögenswert an dieselbe verkaufen. Somit kann die Zentralbank, falls eine Geschäftsbank ihren Kredit bei der Zentralbank nicht zurückzahlen kann, das hinterlegte Pfand verwerten. Gedeckt ist dieses Geld dadurch noch nicht, da eine eigentliche Gelddeckung immer erst durch Leistung, also Produktivität zustande kommt. Es handelt sich hier vielmehr um eine Art Absicherung der Zentralbank.

Zwar ist an der Bargeldschöpfung im Prinzip zu bemängeln, dass schon bei der Geldschöpfung Zinsen auf das Geld verlangt werden (wie auch beim Giralgeld). Die Zentralbank gibt das Bargeld ja nur gegen Zinsen aus, die erwirtschaftet werden müssen, was einen Wachstumsdruck hervorruft.

Allerdings ist die europäische Zentralbank, welche an diesen Zinsen verdient, staatlich und die Gewinne aus der Geldschöpfung können zumindest potenziell der Allgemeinheit zugute kommen. Außerdem können die Zentralbanken zumindest theoretisch die Bargeldmenge kontrollieren. Zuletzt und insbesondere stellt die Bargeldschöpfung deshalb kein großes Problem dar, weil Bargeld nur noch einen Bruchteil der Geldmenge ausmacht. In der Eurozone sind es nur neun Prozent der Gesamtgeldmenge.[28] Der restliche Anteil des verwendeten Geldes ist Giralgeld. Und dieses wird von den privaten Geschäftsbanken erzeugt.

Die Entstehung von *Giralgeld* kann anhand einer kleinen Geschichte aufgezeigt werden:

Nehmen wir an, ein reicher venezianischer Edelmann gründet in einer Zeit, in der alles Geld aus Goldmünzen besteht, ein Golddepot. Er lässt verlauten: «Wer sein Geld bei mir deponiert, muss keine Angst mehr vor Dieben haben, denn ich habe eine gut gerüstete Wachmannschaft eingestellt.»

Nun kommt ein Kaufmann und gibt dem Edelmann hundert Dukaten zur Aufbewahrung. Dafür erhält er vom Edelmann einen Zettel, auf dem geschrieben steht: «Berechtigung zur Abholung von 100 Dukaten bei mir, dem Edelmann. Stempel und Unterschrift Edelmann.»

Nach einer Zeit will der Kaufmann seine hundert Dukaten verwenden, um beim Weber Tuch einzukaufen. Da er es aber als umständlich ansieht, die Goldstücke erst noch beim Edelmann abzuholen, fragt er den Weber, ob dieser als Bezahlung auch den Schein annehmen würde, der ihn seinerseits berechtigt, die Goldstücke abzuholen. «Dann hast du dein Gold gleich an einem sicheren Ort», sagt er. Das findet der Weber einleuchtend und akzeptiert den Abholschein. Und da der Edelmann allgemeines Vertrauen besitzt, das Depot ein sicherer Ort ist und der Transfer von Münzen umständlich, werden die Scheine des Edelmanns alle in dieser Weise als Geldscheine verwendet.

Der Edelmann hat Kenntnis davon bekommen, dass die Abholscheine, die er für das eingelagerte Gold ausgegeben hat, allgemein als Zahlungsmittel akzeptiert werden, während sie nur ganz selten dazu verwendet werden, das Gold auch tatsächlich abzuholen. Da er diese Scheine selber geschrieben hat, hat er freilich bald die Idee, auch für sich selbst solche Scheine zu erzeugen. Und so schreibt er ein paar Zettel, auf denen steht «Berechtigung zur Abholung von 100 Dukaten bei mir...» und geht damit einkaufen.

Zwar gibt es nun mehr Berechtigungen auf Gold als es Gold gibt, aber das fällt nicht auf, da die Gutscheine nur selten eingelöst werden; und der Edelmann kann weiter kostenlos einkaufen gehen.

Da das Gold bei ihm zum großen Teil unbenutzt liegen bleibt, beginnt er, es gegen Zinsen zum Verleih anzubieten. Doch bald muss er feststellen, dass auch die Kreditnehmer lieber einen Abholschein für Gold erhalten wollen, als das Gold selber. Das führt den Edelmann dazu, auch über Kredite mehr Abholscheine in Umlauf zu bringen, als jemals in Gold eingelöst werden können. Ein Betrug? Durchaus.

Zunächst einmal aber kurbelt das viele neue Geld die Wirtschaft an, so dass sich der Gesamtwohlstand Venetiens erhöht. Doch mit immer weiteren ungedeckten Scheinen sind die Inflationsverluste irgendwann größer als die Gewinne durch den Aufschwung. Irgendwann gerät der gar nicht so edle Edelmann in Betrugsverdacht, alle wollen ihre Scheine in Gold einlösen und es zeigt sich, dass dies gar nicht möglich ist.

Die Vorgehensweise des Edelmanns war und ist historisch und aktuell gang und gäbe. Früher wurden einmal Gutscheine für Gold und Silber ausgegeben. Später wurden sie für Papiergeld ausgegeben. Dies geschah, indem die Banken einem Kunden ein Guthaben in ihre Bücher schrieben («Buchgeld»), das der Kunde zur Bezahlung auf andere Personen übertragen konnte. Die Bevorzugung eines solchen unbaren Gutschein-Geldes stieg im Laufe der Geschichte mit Zunahme der Komplexität der Wirtschaft. Seit den 60er Jahren des letzten Jahrhunderts werden die Gutscheine für Bargeld elektronisch verzeichnet. Und mit der Computerisierung und der Möglichkeit von elektronischen Überweisungen hat sich dieses unbare Geld immer mehr durchgesetzt.

Wenn jemand Bargeld auf eine Bank bringt und es sich auf sein Konto gutschreiben lässt oder wenn jemand einen Kredit aufnimmt und ihn sich nicht in bar auszahlen lässt, so sind die Zahlen, die auf sein Konto geschrieben werden, *Giralgeld,* auch Buchgeld genannt. Dieses unbare Geld ist rechtlich, ähnlich wie in unserer Geschichte, nur eine elektronische «Abholberechtigung» auf Bargeld, erzeugt von privaten Banken.

Es ist kein gesetzliches Zahlungsmittel,[29] das ist nur Bargeld selbst. So gibt es für Gewerbetreibende gesetzlicherseits auch keine Annahmepflicht für Giralgeld, das heißt, man kann darauf bestehen, eine Leistung in bar ausbezahlt zu bekommen. Dennoch wird Giralgeld allgemein als Zahlungsmittel akzeptiert und erhält damit den Status von Geld.

Durch diese Akzeptanz von Giralgeld brauchen Banken für eine Kreditvergabe in den allermeisten Fällen kein Bargeld. Sie brauchen meistens nur Folgendes zu tun: Sie geben dem Kreditnehmer sinngemäß einen Gutschein mit der Berechtigung zur Abholung von Bargeld in einer bestimmten Summe. Praktisch sieht dieser Akt so aus, dass die Bank dem Kreditnehmer am Computer einfach die entsprechende Zahlensumme auf das Konto gutschreibt. Giralgeld ist entstanden. Bei Abzahlung eines Kredites wird das Giralgeld per Computer gelöscht. Die Zinsen werden jedoch als Ertrag verbucht.

Da das Giralgeld ein Gutschein auf Bargeld, also auf Zentralbankgeld ist, müssten die Banken eigentlich für jeden als Giralgeld vergebenen Kredit die gleiche Menge Zentralbankgeld einlagern. Die Banken besitzen aber in der Regel nur circa vier Prozent Zentralbankgeld als Deckung![30]

In der Summe vergeben die Banken also **viel mehr Gutscheine auf Bargeld, als sie Bargeld besitzen.** Und sie können dies tun, da in der Regel nur ein Bruchteil des Giralgeldes in bar eingelöst wird. Da diese Gutscheine auf Bargeld wie Geld verwendet werden, **erhalten die Banken den Status von Geldschöpfern.** Und so werden unsere Zahlungsmittel zu circa 90 Prozent eben nicht von der öffentlichen, sondern von der privaten Hand, namentlich von den Geschäftsbanken, erzeugt. Denn die Gesetzgeber haben versäumt, die Geldschöpfungshoheit der staatlichen Zentralbanken auf das Giralgeld zu erweitern.

Wenn eine unbare Kreditvergabe nur eine Gutscheinausgabe ist, die aus dem Nichts geschöpft wird, was ist dann mit dem Geld, das die Sparer in eine Bank einzahlen? Wird dieses nicht auch verliehen? Nein, es wird tatsächlich nicht verliehen. Die vergebenen Kredite, egal ob bar oder unbar, **sind keine weitergereichten Spareinlagen**, wie man überwiegend glaubt! Man glaubt, dass die Banken Kreditvermittler sind.[31] Tatsächlich jedoch verbleiben die Spareinlagen bei der Bank, während über Kredite neues Geld geschaffen wird.[32] Mit einem Kredit also entsteht Geld überhaupt erst. Das liegt daran, dass die Banken in Zeiten des elektronischen Geldes, das jederzeit neu kreiert werden kann, nicht mehr darauf angewiesen sind, auf ein bereits vorhandenes Geld zurückzugreifen.

Der Ursprung des modernen Wirtschaftens ist also nicht die Ersparnis, wie in der Volkswirtschaft immer wieder behauptet wird und wie es früher auch einmal war, als größtenteils tatsächlich nur Bargeld eingezahlt und verliehen wurde.

Der Ökonom Thomas Betz schreibt: «Die ökonomische Welt steht Kopf vor dem Hintergrund des althergebrachten Bildes und muss komplett umgedacht werden: Aus Kredit entsteht Geld und Investition, daraus realwirtschaftliche Produktion und Einkommen, daraus Konsumtion und irgendwann dann auch Ersparnisbildung.»[33]

Vom Prinzip her hat diese Geldentstehung aus dem Nichts große Vorteile. So wären zum Beispiel die gewaltigen Investitionen im Nachkriegsdeutschland niemals möglich gewesen, wenn man sie auf Ersparnisbildung aufgebaut hätte. Jedoch darf die Geldschöpfung nicht von privaten Banken ausgehen, wie wir noch sehen werden.

Warum werben Banken aber um Sparer, obwohl sie die Spareinlagen gar nicht verleihen? Um dies besser zu verstehen, schauen wir uns erst genauer an, welche Grenzen den Banken möglicherweise gesetzt sind, selber Geld zu schöpfen.

In der Eurozone müssen Banken ein Prozent des bei ihnen angelegten Geldes bei der Zentralbank hinterlegen, die sogenannte Mindestreserve. Der Sinn hinter dieser Mindestreserve war ursprünglich, dass die Banken genug Geld vorrätig haben, wenn in Folge eines Bankruns viele Kunden ihre Geldeinlagen abheben wollen. Bei einer Mindestreserve von mittlerweile nur noch einem Prozent ist hierfür freilich ohnehin keine Sicherheit mehr gegeben.

Was bedeutet aber die Mindestreserve für die Geldschöpfungsmöglichkeit der Banken? In der Bankbilanz wird neu geschöpftes Kreditgeld mit den echten Spareinlagen vermischt: Es gilt hier (absurderweise) ebenfalls als «Einlage».[34] So muss auch dafür eine Mindestreserve hinterlegt werden. Wenn also zum Beispiel eine Bank 1000 Euro Kreditgeld erzeugt, muss sie dafür zehn Euro bei der Zentralbank hinterlegen.[35] Die Zentralbank akzeptiert dabei als Mindestreserve kein von den

Geschäftsbanken geschöpftes Giralgeld, sondern nur Zentralbankgeld.[36] Nun ist es aber nicht so, dass die Banken *zuerst* 10 Euro Zentralbankgeld besitzen müssen, um 1000 Euro Giralgeld zu erzeugen. Wie die Bundesbank auf ihrer Website selbst darlegt, kann eine Bank erst Kredite schöpfen und sich hinterher die bruchteilige Mindestreserve dafür bei der Zentralbank besorgen.[37] Schon gar nicht benötigen Banken einen einzigen Sparer, um einen Kredit schöpfen zu können.

Lange Zeit herrschte unter den Volkswissenschaftlern ein Streit darüber, ob die Banken nur Kreditvermittler sind, ob sie zur Kreditschöpfung zumindest Teilreserven benötigen, oder ob sie bei einer Kreditvergabe Geld völlig aus dem Nichts schöpfen. Mittlerweile hat Professor Richard Werner als erster in einer empirischen Studie bewiesen, dass die Banken das Kreditgeld im Moment der Entstehung tatsächlich völlig aus dem Nichts schöpfen und die beteiligte Bank hat dies amtlich bestätigt.[38] Diese hatte für die Studie ihre kompletten internen Buchungsvorgänge offen gelegt.

Zusätzlich zur gesetzlichen Mindestreserve benötigen Banken auch aus banktechnischen Gründen eine Mindestreserve an Bargeld: Um für die Geldabhebungen der Kunden genug Bargeld vorrätig zu haben.

Allerdings bedeuten die Barabhebungen der Kunden für die Banken normalerweise keinen Abfluss an Reserven, den sie mit neuen Krediten bei der Zentralbank aufstocken müssten. Denn hat das umlaufende Bargeld einmal sein Bedarfsniveau erreicht, so stehen den Barabhebungen zeitnah Bareinzahlungen in gleicher Höhe gegenüber.[39] Vor allem Gewerbetreibende und Firmen, die viel Bargeld einnehmen, bringen dieses regelmäßig zur Bank, um es sich auf ein Girokonto gutschreiben zu lassen. Dieses eingezahlte Bargeld reichen die Banken dann an die Geldabheber weiter.

Wenn die Banken dennoch Bedarf an Reserven und Bargeld haben, muss dieser aus ökonomischen Gründen von der betreffenden Zentralbank stets bedient werden, ansonsten käme der Zahlungsverkehr und damit die Wirtschaft ins Stocken.[40] Es gehen also nicht die Reserven den Krediten voraus, sondern die Banken erzeugen Kreditgeld und holen sich bei Bedarf die nötigen Reserven bei der Zentralbank.

Damit haben die Zentralbanken **keine Kontrolle über die Giralgelderzeugung** der Geschäftsbanken. Sie reagieren nur nachträglich auf vollendete Tatsachen, sind nur Erfüllungsgehilfen. Dadurch hat die Geldpolitik der Zentralbanken, sei es Geldmengen- oder Zinspolitik, für die Geschäftsbanken nur unwesentliche Bedeutung und ist fast unwirksam.[41] Die vorgeschriebenen Mindestreserven stellen also für Banken keine echte Beschränkung ihrer Geldschöpfungsmöglichkeit dar.

Weiterhin gibt es zur Beschränkung der Banken die Vorschrift, dass das Kreditvolumen der Banken eine bestimmte Eigenkapitalquote nicht übersteigen darf: In der Eurozone müssen Banken derzeit acht Prozent ihrer «risikogewichteten Aktiva» als Eigenkapital halten. Allerdings haben die Banken die Möglichkeit, durch Tricks ihre Eigenkapitalquote künstlich zu erhöhen,[42] wodurch auch dieses Gesetz die Geldschöpfung der Banken nicht wirksam beschränkt.

Geldschöpfung aus dem Nichts durch Kooperation der Banken

Würden alle Bankkunden ihr Giralgeld auf dem Konto in bar abheben wollen, wären die Banken freilich zahlungsunfähig. Aber solange Bankkunden das nur in geringem Umfang tun, können Banken Geld aus dem Nichts erzeugen. Schwierig kann es erst werden, wenn das «Luftgeld» von einer Bank zu einer anderen transferiert werden soll.

Angenommen ein Bankkunde erhält einen Kredit von 1000 Euro bei der Bank A und überweist dieses neu geschöpfte Geld an seinen Vermieter. Hat der Vermieter sein Konto ebenfalls bei der Bank A, ändert sich in der Zahlungsbilanz dieser Bank nichts. Das ist für sie von Vorteil. Je größer eine Bank ist, desto größer ist die Wahrscheinlichkeit, dass das selbst geschöpfte Geld innerhalb des eigenen Instituts verbleibt, weshalb Banken naturgemäß nach Größe streben.

Anders ist es, wenn der Vermieter ein Konto bei einer Bank B hat. Einfach so annehmen will Bank B dieses Giralgeld von Bank A nicht. Sie verdient nichts daran. Vielmehr kann es ihr Kosten von bis zu 1000 Euro Zentralbankgeld verursachen, nämlich dann, wenn der Vermieter sein Geld komplett in bar abhebt. Anders gesagt: Es kann für Bank B nicht angehen, dass Bank A aus dem Nichts einen Gutschein auf Bargeld vergibt und dieser Gutschein nun bei ihr, der Bank B, kostenpflichtig eingelöst werden kann. Bank B will also, dass echtes Zentralbankgeld in gleicher Höhe mit der Überweisung mitfließt und stellt die 1000 Euro der Bank A in Rechnung.

Im häufigsten Fall gewährt dazu die B-Bank der A-Bank einen Kredit. Diesen Kredit muss die A-Bank mit Zinsen bedienen. Dies ist nun der Punkt, der in der offiziellen Darstellung der Bundesbank als Grund dafür angeführt wird, dass Banken von der Kreditgeldschöpfung aus dem Nichts (die als solche nicht geleugnet wird) nicht allzu viel Vorteil hätten: Die Bank A müsse nun den Zinsertrag aus dem Kundenkredit zum Teil an die B-Bank abgeben – und damit einen Teil ihres Gewinns aus der Giralgeldschöpfung aus dem Nichts.[43] Doch auch da gibt es eine erstaunlich einfache Lösung für die Banken.

Wenn nämlich die größten Banken kontinuierlich in etwa gleich viel Geld aus dem Nichts schöpfen, **gleichen sich die «Luftbuchungen» untereinander aus.** Wenn also Bank B im Weiteren ebenfalls 1000 Euro Kreditgeld schöpft und der Kreditnehmer es an Bank A überweist, so stellt diesmal die Bank A eine Rechnung von 1000 Euro an Bank B und vergibt ihr zur Begleichung dieser Rechnung einen Kredit. Nun haben beide Banken gleich viel Schulden bei der jeweils anderen und die Schulden lassen sich damit aufheben, im «Clearing».

Genau genommen wird deshalb die Rechnung erst einmal gar nicht gestellt und erst einmal kein Kredit vergeben. Jeden Tag werden ja tausende Überweisungen zwischen großen Banken getätigt. Wenn sich die Summen ausgleichen, wenn also Bank A an Bank B so viel überweist, wie B an A, so wird nichts unternommen und sämtliche Überweisungen werden als Geld akzeptiert, ohne dass Zentralbankgeld mitfließen muss.

Die Schulden und Guthaben, die eine Bank bei anderen Banken hat, wird auf ihrem Interbank-Konto festgehalten. Erst dann, wenn sich die Zahlungen zwischen den Banken auf den Interbank-Konten nicht am selben Tag ausgleichen, geben sich die Banken gegenseitig Kredit und der Ausgleich wird auf einen späteren Zeitpunkt verschoben.[44]

So ist das Problem für die Banken gelöst. Und so weiten sie ihre Giralgeldschöpfung auch immer ungefähr im Gleichschritt aus.[45] Dieser Gleichschritt ist das oberste Prinzip in der heutigen Bankenwelt. Wird dieser eingehalten, so wird die Kreditvergabe aus dem Nichts hauptsächlich nur noch dadurch beschränkt, dass sich nicht unendlich viele Kreditnehmer finden lassen, weil die Wirtschaft nicht grenzenlos wachsen kann.

Wenn allerdings kein Ausgleich der Zahlungsströme zwischen den Banken stattfindet, lässt die Bank, die mehr Zahlungseingänge als -ausgänge im Zahlungsverkehr mit einer anderen Bank verzeichnet, sich die Differenz von dieser anderen Bank in Zentralbankgeld auszahlen. Das ist für sie lukrativ. Sie erhält dann schließlich für eine Giralgeldüberweisung von einer anderen Bank die gleiche Summe Zentralbankgeld, obwohl nur ein Bruchteil davon tatsächlich in bar abgehoben wird. Und so versuchen die Banken, stets mehr Zahlungseingänge als -ausgänge zu erzeugen, damit sie diese Differenz den anderen Banken in Rechnung stellen können.

In dem Maße, wie sich die Zahlungsströme zwischen den Banken nicht ausgleichen, hat die **eine Bank einen Gewinn, die andere einen Verlust:** Die Bank, aus der mehr «herausüberwiesen» als «hineinüberwiesen» wird, muss sich Zentralbankgeld leihen, um es an die anderen Banken zu zahlen.

Da Banken unbare Kredite aus dem Nichts schöpfen, bedeuten nicht abbezahlte Schulden, also Kreditausfälle, für eine Bank auch nur bedingt reale Verluste:

Durch das Abzahlen der Kredite entstehen erneut Zahlungsströme zwischen den Banken, die sich ausgleichen oder nicht. Wenn bei einer Bank nun insgesamt mehr Kredite ausfallen als bei einer anderen Bank, kann das dazu führen, dass sie dadurch mehr Abflüsse als Zuflüsse im Vergleich zu der anderen Bank verzeichnet. Und dieses Ungleichgewicht lässt sich die andere Bank in Zentralbankgeld auszahlen.

Kreditausfälle bringen alles in allem für eine Bank nur insoweit einen Verlust mit sich, als sie zu unausgeglichenen Zahlungsströmen gegenüber einer anderen Bank führen.[46] Das bedeutet aber auch, dass die Verluste der einen Bank durch Kreditausfälle für eine andere Bank einen Gewinn bedeuten;[47] und weiter, dass keine Bank durch Kreditausfälle einen Verlust hat, wenn bei allen Banken in gleichem Umfang Kredite ausfallen. In der Summe ist der **Vermögensschaden durch Kreditausfälle gleich null.**

Banken können kostenlos einkaufen

Doch Banken können nicht nur Geld schöpfen, indem sie Kredite vergeben. Sie können auch **Geld schöpfen, um sich Werte anzueignen** wie zum Beispiel Immobilien oder Firmen, Flugzeuge, Läden – alles, was man mit Geld kaufen kann.[48] Und jeder würde mit normalem Menschenverstand urteilen, dass es sich hier um eine gesetzeswidrige Herausgabe von ungedecktem Falschgeld handelt und um eine leistungslose Abschöpfung von Werten aus der Gesellschaft. Offiziell wird die Möglichkeit der Geldschöpfung privater Banken zum Erwerb von Vermögenswerten nicht geleugnet.[49] Jedoch ist es so, dass die Banken selbst geschöpftes Giralgeld in ihrer Buchhaltung trügerischerweise als Schulden verbuchen, womit ihre Gewinne verschleiert werden. Schauen wir uns an, wie das zustande kommt:

Schöpft eine Bank 1000 Euro Giralgeld und bringt es in Umlauf, vergibt sie, wie bereits dargelegt, einen Gutschein auf Bargeld. Da der Gutschein theoretisch jederzeit bei der Bank eingelöst werden kann, steht die Bank in der Schuld, auf Verlangen 1000 Euro Bargeld auszuzahlen. Deshalb weist sie in ihrer Buchhaltung die 1000 Euro als Verbindlichkeit sich selbst gegenüber, also als Schulden aus, die theoretisch durch eigene Erträge irgendwann abbezahlt werden müssen.[50]

Betriebswirte und die Bundesbank sagen nun, dass die Banken keine großen Vorteile davon hätten, wenn sie sich mit selbst geschöpftem Geld Vermögenswerte kaufen. Denn die Schulden, die damit einhergehen, müssten die Banken in den Folgejahren durch eigene Erträge abzahlen.[51]

Doch dies ist ein bilanzieller Trug. Zwar weisen die Banken ihre Geldschöpfung aus dem Nichts als Schulden aus, doch werden diese nie abbezahlt.[52] Eine Abzahlung würde ja bedeuten, dass die Banken den Giralgeldempfängern, denen sie eine Auszahlung des Giralgeldes in bar schuldig sind, tatsächlich Bargeld auszahlen. Doch das Giralgeld wird ja de facto kaum in bar eingelöst. Mieten, Rechnungen, Gehaltsauszahlungen und laufende Kosten werden eben nicht mehr in bar bezahlt. Und so müssen die Banken ihre Schulden, die mit der Giralgeldschöpfung einhergehen, kaum mehr begleichen.

Dem selbst geschöpften Geld muss lediglich eine Eigenkapitalquote von acht Prozent gegenüber stehen. Acht Prozent des geschöpften Geldes muss also eine Bank durch Zinserträge oder Spekulationsgewinne «erwirtschaften».

Es gibt ein weiteres Argument, das die Bundesbank dafür anführt, dass Banken angeblich nicht allzu viele Vorteile davon hätten, wenn sie mit selbst geschöpftem Geld einkaufen.[53] Für Geld, das die Banken zum eigenen «Einkaufen» erzeugen, gilt nämlich das Gleiche wie für das Kreditgeld: Wenn es zu einer anderen Bank abfließt, stellt es die andere Bank der gelderzeugenden Bank in Rechnung und zwar in Zentralbankgeld. Das käme die Banken dann doch teuer. Jedoch haben wir ja festgestellt: Wenn sich die Geldschöpfungsbeträge zwischen den Banken ausgleichen, fallen diesbezüglich keine Kosten für die Banken an. Auch im Ankauf von Vermögenswerten müssen also die Banken, beziehungsweise bestimmte Bankengruppen, im Gleichschritt vorgehen. Dann ziehen alle Beteiligten aus dieser Geldschöpfungsmöglichkeit Gewinn und die Banken können sich durch diese Einkaufsmöglichkeit eine problematische Marktmacht aneignen – was sie auch tun.

In der Bevölkerung dagegen führen diese ungedeckten Gelder langfristig zu einem Kaufkraftverlust.

Zu der privaten Schöpfung von Kreditgeld aus dem Nichts könnte man immerhin sagen: Dieses Geld kann potentiell durch die Mehrleistung des Kreditnehmers zurückbezahlt und damit gedeckt werden; und weiter kann man sagen, dass die Banken den Kreditbetrag ja nach der Tilgung löschen, was einer Inflation entgegen wirkt. Für die private Schöpfung von Geld zum reinen Zweck des Konsums der Geldschöpfer gilt dies alles nicht. Diese ist noch offenkundiger ungerechtfertigt.

Oft heißt es, dass es kein Geld mehr gäbe, wenn alle Schulden abbezahlt worden wären. Doch das stimmt nicht ganz. Die Gelder, die die Banken zum eigenen Konsum erzeugten, wären noch vorhanden, denn sie entstanden ja nicht als Kredit.[54]

Warum gehen Banken pleite?

Warum aber können Banken pleite gehen, wenn sie selbst Geld schöpfen können? Wie schon erwähnt, können Banken nur in Kooperation mit anderen Banken Geld schöpfen. Wenn nun eine Bank einseitig zu viel Geld geschöpft hat, dann gleichen sich ihre Schulden bei den anderen Banken, die weniger Geld geschöpft haben, nicht aus. Erreichen die Schulden einer Bank eine Höhe, die andere Banken nicht mehr tolerieren, so verweigern die anderen Banken weitere Interbank-Kredite und fordern die **Begleichung der Schulden in Zentralbankgeld.**[55]

Wenn sich eine Bank gewaltig verspekuliert hat, geraten Banken außerdem in eine bilanzielle Schieflage. Das bedeutet, dass die Verbindlichkeiten der Bank vorhanden bleiben, während ihr Eigenkapital massiv abgewertet oder ins Minus geraten ist.

Rein technisch gesehen könnte die Bank trotzdem weiter fortfahren, Geld zu schöpfen. Praktisch jedoch nicht, weil Banken in der EU eine Eigenkapitalquote von acht Prozent vorweisen müssen, andere Banken der betreffenden Bank keine Reserven mehr leihen; weil eine solche Bank mit bilanzieller Schieflage in die Schlagzeilen kommt, die Kunden davonlaufen und die Zentralbank sowie die Bankenaufsicht einschreiten müssen. Wenn nun andere Banken ihre Kredite bei einer maroden Bank in Zentralbankgeld zurückfordern, muss diese marode Bank bei der Zentralbank vermehrt Kredite aufnehmen – Zentralbankgeld kann sie schließlich nicht selbst erzeugen. Mit dem erhaltenen Zentralbankgeld zahlt nun die Bank ihre Interbank-Schulden ab. Aber womit soll sie jetzt die Schulden bei der Zentralbank tilgen? Sie zahlt sie zurück, indem sie neue Schulden bei der Zentralbank aufnimmt. Und nun hat die Bank ein Verschuldungsproblem.

Gleiche Probleme treten in dem Fall ein, wenn auf einmal viele Kunden ihr Geld in bar verlangen.

Hat die wackelige Bank keinen starken Partner/Führsprecher, oder ist nicht groß genug, dann wird die Zentralbank weitere Kredite verweigern. Die Bank ist zahlungsunfähig.

Im Zusammenhang mit der Finanzkrise hat nicht nur eine Bank im Vergleich zu den anderen zu viel Geld geschöpft. Hier haben ganze Bankengruppen den Gleichschritt der Geldschöpfung in konzertierten Aktionen bewusst verändert und so andere Banken/Bankengruppen ins Stolpern gebracht, um sich daran zu bereichern.[56]

Warum brauchen Banken Kunden?

Warum werben Banken um Sparer, wenn die Spareinlagen gar nicht mehr verliehen werden?

Wir haben festgestellt, dass Banken alles daran setzen müssen, eine ausgeglichene oder positive Zahlungsbilanz gegenüber den anderen Banken zu erreichen. Zunächst einmal gilt ganz allgemein: Nur ein großer Kundenkreis, der seine Konten bei einer bestimmten Bank hat, gibt dieser Bank die **Möglichkeit eines zeitnahen Ausgleichs der Zahlungsströme** gegenüber den anderen Geschäftsbanken.[57] Mit neuen Kunden kommen neue Zahlungseingänge, die bei anderen Banken abgezogen werden. «Denn wo man sein Konto hat, entstehen außer den Abflüssen auch die im Zahlungsverkehr ausgleichenden Zuflüsse (Einkünfte der Kunden), dort legen Kunden einen Teil ihrer Giroguthaben als Sparanlage an, dort nimmt man Kredite auf...»[58]

Wenn eine Bank ihre Kunden durch Zinsversprechen dazu bringt, ihr Geld insbesondere auf ein Sparkonto anzulegen, dann hat dies für die Bank erstens folgenden Vorteil: Sie muss weniger Bargeldreserven bereit halten, so wie sie es für Geld auf Girokonten, das jederzeit in Bargeld abgehoben werden kann, bereit halten muss. Das verringert ihren Bedarf an teuren Reserven. Im Vergleich dazu ist es für sie günstiger, Habenzinsen für Sparer zu zahlen.[59]

Zweitens hat still gelegtes Spargeld für eine Bank den Vorteil, dass sie dieses Geld für eine gewisse Laufzeit an sich bindet und damit garantiert, dass es ihr in dieser Zeit nicht abfließt. Dadurch kann sie eine negative Zahlungsbilanz gegenüber anderen Banken vermeiden.[60] Eine Bank, welche die Giralgelder ihrer Kunden nicht mehr durch Sparanlagen stilllegen würde, hätte einen einseitigen Abfluss von Giroguthaben zu verzeichnen. Denn Guthaben auf den Girokonten werden von den Kunden für Überweisungen verwendet, während Sparguthaben eben eine Zeit lang nicht verwendet werden können.

Die Höhe der Zinsen für die Sparer müssen die Banken dabei abwägen: Zahlt eine Bank höhere Zinsen, als andere Banken das tun, führt dies zu Geldabflüssen an andere Banken, wenn die Kunden ihre Zinserträge ausgeben. Demgegenüber führen höhere Zinsen auch zu mehr Kunden, die wiederum mehr Zahlungseingänge mit sich bringen, die anderen Banken in Rechnung gestellt werden können.

Kreditnehmer andererseits bescheren einer Bank anfangs hauptsächlich Zahlungsausgänge. Diese werden jedoch wieder durch die Zahlungseingänge ausgeglichen, die entstehen, wenn der Kredit abbezahlt wird. Und wenn die Kreditnehmer mit ihrem Kreditgeld erfolgreich gewirtschaftet haben, sind sie die zukünftigen Anleger, die einer Bank wieder Zahlungseingänge bringen.

Deckung von Geld aus dem Nichts

Wie sieht es mit der Deckung von «Geld aus dem Nichts» aus?

Das Geld, das die Banken zum eigenen «Einkaufen» schöpfen, **ist völlig ungedeckt** und wird auch nicht im Nachhinein gedeckt.

Das Geld, das Banken bei einer Kreditvergabe schöpfen, ist ebenfalls erst einmal ungedeckt. Eine Deckung kann aber nachträglich erfolgen, nämlich dadurch, dass der Kredit durch eine Mehrleistung abbezahlt wird. An dieser Stelle müssen wir den Unterschied zwischen *Produktionskrediten* und *Konsumkrediten* betrachten.

Bei Produktionskrediten wird das Kreditgeld verwendet, um etwas zu produzieren; das können Waren oder Dienstleistungen sein. Hier wird der Kredit durch Leistung zurückgezahlt.

Bei Konsumkrediten hingegen wird das Kreditgeld vom Kreditnehmer verwendet, um etwas zu konsumieren, das er sich gegenwärtig noch nicht leisten kann. Hier wird der Kredit für gewöhnlich nicht durch mehr Leistung, sondern aus dem zukünftigen Einkommen zurückgezahlt. Das bedeutet, dass das neu geschöpfte Geld, das für Konsumzwecke verwendet wird, nicht durch die erforderliche Leistung gedeckt wird. Der Kreditnehmer kauft sich etwas für das Kreditgeld, nimmt also die Leistung eines anderen in Anspruch, erbringt dafür aber keine Mehrleistung, sondern bezahlt den Kredit nur aus seinem regelmäßigen Einkommen zurück.[61]

Vergebene Konsumkredite vergrößern also für gewöhnlich die Geldmenge, ohne dass sich auch die Menge der Waren und Dienstleistungen vergrößert. **Sie führen damit tendenziell zu Inflation.** Darüber hinaus gilt allgemein, dass zu viel Kreditgeld, das noch nicht getilgt ist, inflationär wirkt, weil die Deckung durch die Mehrleistung dann insgesamt zu lange auf sich warten lässt.

Angemerkt werden muss allerdings, dass sich **ein Großteil der geschöpften Gelder gar nicht im Umlauf befindet,** weil sie gehortet werden oder sich in kasinoartigen Finanzgeschäften stauen, von wo aus sie vorübergehend nicht in die Realwirtschaft gelangen. Dadurch wird die Inflation eingedämmt.[62]

Die Auswirkungen des Giralgeldes

Die Tatsache, dass sich viele Einrichtungen der öffentlichen Wohlfahrt, der Kultur und der Wissenschaft schon heute nicht mehr finanzieren lassen und dass wir den größten Kahlschlag in den Sozialsystemen erleben, den es seit 1929 gegeben hat, wird – völlig unhaltbar und realitätsfremd – wahlweise entweder der Faulheit der Arbeitslosen oder fehlenden Kindern und zu lange lebenden Alten, oder aber einer angeblich zu kurzen Wochen- und Lebensarbeitszeit, zu hohen Löhnen oder allen vorgeblichen Ursachen zugeschrieben: Vor dem Moloch Zins aber, der uns auffrisst, werden die Augen fest geschlossen.

Egon W. Kreutzer in «Wolf's wahnwitzige Wirtschaftslehre»

Die Giralgeldschöpfung wird mittlerweile von vielen kritisiert, jedoch oft als einziges Problem unseres Geldsystems dargestellt. Dabei bliebe selbst dann, wenn die Banken immer nur die Spareinlagen verleihen und kein Geld aus dem Nichts schöpfen würden, das Problem des Zinseszinseffektes übrig. So stiegen auch in Zeiten, in denen größtenteils nur bereits vorhandenes Geld verliehen wurde, die Vermögen und die Schulden immer exponentiell an, bis es irgendwann zum Zusammenbruch kam. Wenn Geschäftsbanken zusätzlich zum Zentralbankgeld Geld aus dem Nichts erzeugen, vergrößern sich die Probleme allerdings noch:

Zum einen haben wir bei der heutigen Geldschöpfung das Problem, dass Geld meistens nur als zinsbelasteter Kredit entsteht, so dass weltweit die **Gesamtverschuldung ungefähr so**

hoch ist wie die Höhe der Gesamtgeldmenge.[63] Mehr Giralgeldschöpfung bedeutet also in der Regel mehr Verschuldung.

Des Weiteren haben wir das Problem, dass es private Banken sind, die heute 91 Prozent unseres Geldes erzeugen, indem sie Giralgeld schöpfen. Diese sind keiner Geldmengenregulierung, keinen gesamtwirtschaftlichen Zielen verpflichtet, generell keiner demokratischen Öffentlichkeit; sie handeln nur im Eigeninteresse. **Die Geldmenge ist damit faktisch außer Kontrolle**, während diese für die Allgemeinheit ein so bedeutender Wohlstandsfaktor ist. Und die Banken können sich dadurch auf Kosten der Mehrheit eine problematische Marktmacht aneignen.

Zu all dem kommt hinzu, dass die Banken **aus dem Nichts hohe Kredite an den Staat vergeben**, für welche die Allgemeinheit teuer bezahlt. Das ist eigentlich absurd. Warum kann sich der Staat nicht gleich sein benötigtes Geld unter unabhängiger, öffentlicher Kontrolle selbst geben? Dazu später mehr.

Unfassbar ist schließlich weiterhin: Die Geschäftsbanken schöpfen Geld aus dem Nichts, können aber bei einer Nichtabzahlung der Schulden das reale verpfändete **Vermögen des Kreditnehmers im Wert der Kreditsumme an sich nehmen.**

Der deutsche Rechtsanwalt Hans Scharpf kam zu dem Ergebnis, **dass die Praxis der Giralgeldschöpfung ungesetzlich sei**: «Das System der Geldschöpfung aus dem Nichts durch Geschäftsbanken ist nämlich verfassungswidrig, soweit sich die Geschäftsbanken in die Position der Geldschöpfer gebracht haben, die allein der Zentralbank (EZB, Bundesbank) vorbehalten ist, Art. 88 GG. Es führt zu gesetzlosen, entschädigungslosen Enteignungen von Wohnungen und Häusern durch Vollstreckung aus EU-rechtswidrigen Grundschuldbestellungsurkunden. Es ist als verbotenes Kreditgeschäft strafbar (§ 54, 3 Nr. 3 KWG.)»[64]

Folgen des Geldsystems für die Wirtschaft

Taler, Taler, du musst wandern – das Problem der Geldzurückhaltung

Über die Zinsgabe wurde die Gesellschaft an einen Prozess der schleichenden Ungerechtigkeit gewöhnt. (...) Es wird von den vermögenden Anlegern als selbstverständlich angesehen, dass sich Geld vermehrt und ihre einzige «Arbeitsleistung» darin besteht, es in die richtigen Kanäle zu leiten. Bei dieser Fixierung auf das Geld blenden sie aus, dass es ja welche geben muss, die ihren Leistungsanspruch einlösen.

Horst Seiffert, in «Geldschöpfung»

Den Ursprung des Zinses haben wir so beschrieben, dass Geld von Privatleuten zurückgehalten werden kann, während es die Öffentlichkeit als Tauschmittel zwingend braucht. Der Zins war also das Lockmittel, der das zurückgehaltene Geld wieder in die Wirtschaft zurück fließen lässt. Dies ist auch die offizielle ökonomische Sichtweise auf den Zins: Er locke das Geld, das sonst gehortet werden würde, also die Nachfrage, wieder zum Angebot und schließe damit den unterbrochenen Geldkreislauf. Wie aber ist dieser beschriebene Geldkreislauf und wie ist die Auswirkung der Geldzurückhaltung unter den Bedingungen der modernen Bankenwirtschaft zu sehen?

Diese Kreislauftheorie, die davon ausgeht, dass Banken Geld weiter vermitteln, ist mittlerweile veraltet, (abgesehen davon, dass so ein Kreislauf ohnehin nicht ewig funktionieren kann, weil das Geld nicht ewig verzinst werden kann). Denn genau genommen haben wir **über die Banken keinen Geldkreislauf mehr**: Die Banken verleihen, wie wir gesehen haben, die gesparten Gelder nicht, während sie neue Kredite aus dem Nichts schöpfen. Darüber hinaus bringen die Banken Gelder in Umlauf, die nicht als Kredit entstehen, nämlich dann, wenn sie zum eigenen Verbrauch Geld erzeugen.

Nun kann man die Praxis der Banken zumindest teilweise als eine Art Kreislauf sehen – immerhin fließt Geld in die Banken hinein und Geld wieder aus ihnen hinaus – auch wenn durch die Kreditschöpfung aus dem Nichts mitunter mehr Geld hinaus als hinein fließt. Und die Banken haben dabei durchaus die Rolle, die Wirtschaft mit Geld zu versorgen.

Jedoch bedarf es hierbei keines Zinses, um Ersparnisse anzulocken und in die Wirtschaft zurück fließen zu lassen, wenn die verliehenen Gelder ohnehin keine Spareinlagen sind. Das ist von großer Bedeutung für die Beurteilung des Zinses. In Zeiten, als die Spareinlagen noch verliehen wurden, hatten die Zinsen wenigstens den Sinn, dass das gehortete Geld wieder umlief. Heute haben die Habenzinsen als «Belohnung» für den Konsumverzicht des Sparers keinen ökonomischen Nutzen mehr und haben also nicht nur der Höhe nach, sondern auch prinzipiell **keine moralische Berechtigung!**

Obwohl das Geld nicht als weitergeleitete Ersparnis, sondern als neu geschöpftes Geld in Umlauf kommt, gilt dennoch: Ist dieses Geld einmal in der Realwirtschaft, so erzeugt es Nachfrage und die Wirtschaft stellt sich auf diese Geldmenge ein. Zwar kommt über die Geldschöpfung und durch Exportüberschüsse Geld in Umlauf, das erst einmal noch nicht gedeckt ist.

Gelangt das neue Geld jedoch in die Realwirtschaft, so bekommt es über die Preisbildung mit etwas Verzögerung ein festes Verhältnis zu den realen Werten.

Außerdem werden die neu geschöpften Gelder zu Einkommen von Menschen. Einkommen entsteht durch Leistungen, aus denen wiederum das Angebot resultiert. Gibt somit jeder sein Einkommen ohne Verzögerung aus, stellt sich ein Gleichgewicht zwischen Angebot und Nachfrage ein. Beziehungsweise: Kommt inflationierend zu viel Geld in Umlauf, pendelt sich dieses Gleichgewicht auf einem höheren Preisniveau wieder ein, so dass auf diesem eingependelten Preisniveau der Grundsatz gilt: Mit der gesamten Geldmenge kann man die gesamten Waren kaufen. (Gelder, die erst einmal nur in der Spekulationswirtschaft kursieren, wirken in der Realwirtschaft nicht wertschaffend und preisbildend, weshalb diese Regel auf sie nicht zutrifft.) **Ein Stilllegen des Geldes bedeutet somit ein Stilllegen von Nachfrage und Arbeit.**

Wenn nun Geld irgendwo zurückgelegt wird, zum Beispiel eine Milliarde Euro, dann gibt es dazu auch ein entsprechendes Warenangebot, also Waren im Wert von circa einer Milliarde Euro. Aber diese können nicht gekauft werden, weil das entsprechende Geld, also die Nachfrage auf Eis gelegt ist. Dann müssen diejenigen, die Waren anbieten, die Preise senken und unter Verlust verkaufen.

Je länger Geld gehortet wird, ein desto größeres Ausmaß nimmt dieser Effekt an: Wenn ein 100-Euro-Schein regulär zweimal im Monat umläuft, dann löst dieser, wenn er stillgelegt wurde, in einem Jahr Nachfrageausfälle, also Verluste, in Höhe von 2400 Euro aus.

Geld ist also in der Wirtschaft wie das Blut im Organismus: **Es muss fließen**, sonst kommt es zu gefährlichen Stauungen.[65] Wenn Geld nur hier und da im kleinen Umfang zurückgelegt werden würde, wäre es nicht gravierend. Doch das eingenommene Geld wird ja dauernd irgendwo zum Sparen auf die Banken gelegt, beziehungsweise auf den Banken liegen gelassen oder in sonstige spekulative Geldanlagen gesteckt, wo es der Realwirtschaft entzogen ist. Und laufend neue Geldschöpfungen müssen diesen Geldmangel ausgleichen.

Wenn Geld als Kredit entsteht, verschärft sich das Problem der Geldzurückhaltung noch. Denn nun ist es nicht nur so, dass durch die Geldzurückhaltung das Geld allgemein für den Austausch der Güter fehlt. Es fehlt insbesondere auch zum Schuldenabbau. Denn das Geld, das über Kredite in die Wirtschaft kommt, müsste ja mittels Tilgung wieder verschwinden, wenn die Schulden abgebaut werden sollen. **Dadurch aber, dass Gelder gespart werden, fehlen sie zur Tilgung.** Das erschwert den Kreditnehmern, ihre Schulden abzuzahlen.

Alles in allem schaden sich durch umfassendes kollektives Sparen die Sparer längerfristig selbst. Nehmen wir zum Beispiel an, eine Generation hat in der ersten Hälfte ihres Lebens viel Geld gespart. In der zweiten Lebenshälfte will sie es nun ausgeben. Aber was haben diese Menschen getan, indem sie viel gespart haben? Sie haben ihrem Handwerker weniger gegeben, dem Therapeuten, dem Gärtner. Sie haben mit anderen Worten die Grundlage ihres eigenen Wohlstands vernachlässigt. Jetzt stehen sie als ältere Menschen mit viel gespartem Geld da. Doch womöglich gibt es nun zum Beispiel keine guten Therapeuten oder Künstler mehr, da sich ihre Arbeit über Jahre hinweg nicht gelohnt hat.

Gleiches passiert übrigens bei der kapitalgedeckten Rentenversicherung. Während bei der umlagefinanzierten Rentenversicherung die Rentengelder von den wertschöpfenden Menschen direkt zu den Rentnern geleitet werden,[66] werden sie bei der kapitalgedeckten Rentenversicherung in Rentenfonds angespart. Die Gelder in den Rentenfonds sind dem Druck ausgesetzt, vermehrt zu werden; und dies geschieht, indem mit ihnen spekuliert wird. Während diese Gelder an so vielen Stellen gebraucht werden würden, landen sie nun stattdessen im internationalen Finanzcasino.

Eine Generation, die auf diese Weise ihren Wohlstand fürs Alter sichern will, macht auch nichts anderes, als dass sie diese Gelder ihren Mitmenschen entzieht und damit die Grundlage ihres eigenen Wohlstands zerstört. Letztendlich sind es freilich immer die arbeitenden Menschen, die ihrerseits nichts ansparen konnten, die hauptsächlich für die Gewinne aus den Geldanlagen aufkommen.

Mittlerweile wird das Problem der Geldzurückhaltung dadurch entschärft, dass die Banken in großem Umfang auch Gelder zu ihrem eigenen Konsum erzeugen, Gelder, die nicht als Kredite entstehen. Diese Gelder fließen der Realwirtschaft in großen Mengen zu und führen dazu, dass Kredite besser getilgt und die angebotenen Güter eher gekauft werden können.[67] Sie ersetzen damit teilweise gewissermaßen die gesparten und angelegten Gelder, die zur Güternachfrage fehlen. Dennoch kann diese Form der Geldschöpfung, an der sich Privatleute aus dem Bankensektor bereichern, keine Lösung für eine angemessene Versorgung der Wirtschaft mit Geld sein.

Angemerkt werden muss auch: Selbst wenn nicht gespart werden würde, bliebe das Problem der Verschuldung übrig, solange Geld als Kredit entsteht. Das Sparen verstärkt dieses Problem jedoch.

Das heutige System braucht Schulden

Jede Wirtschaft beruht auf dem Kreditsystem, das heißt auf der irrtümlichen Annahme, der andere werde gepumptes Geld zurückzahlen.

Kurt Tucholsky, dt. Journalist und Schriftsteller

Die meisten Menschen halten es für ein Ideal, dass Schulden, vor allem die öffentlichen, abgebaut und keine neuen mehr aufgenommen werden. Als ob die wirtschaftlichen Probleme in der Verschuldung selbst lägen, die nur Ausdruck einer Art übermäßiger Gier sei, die eingedämmt werden müsse.

In Wahrheit ist die Verschuldung in unserem System **eine wirtschaftliche Notwendigkeit!** – aus zweierlei Gründen.

Erstens für die Geldschöpfung im Allgemeinen: Geld entsteht hauptsächlich als Kredit, und würden alle Schulden abbezahlt werden, gäbe es fast kein Geld mehr, da Geld bei der Tilgung ja verschwindet. (Nur das Geld, das die Banken erzeugten, um sich selbst Vermögenswerte zu kaufen, bliebe, wie erwähnt, bestehen; dieses entsteht nicht als Kredit). Fast alles Vermögen ist also die noch nicht abbezahlte Schuld eines anderen, es konnte nur entstehen, weil sich jemand verschuldet hat. Wer Schulden abbaut, baut Vermögen ab und wenn keine neuen Schulden mehr aufgenommen werden, entstehen (fast) keine neuen Vermögen.

So sind auch in Deutschland zu den anwachsenden Vermögen parallel die Schulden angewachsen – ein Bild, das sich uns weltweit zeigt:

Gesamte Geldvermögen / Schulden

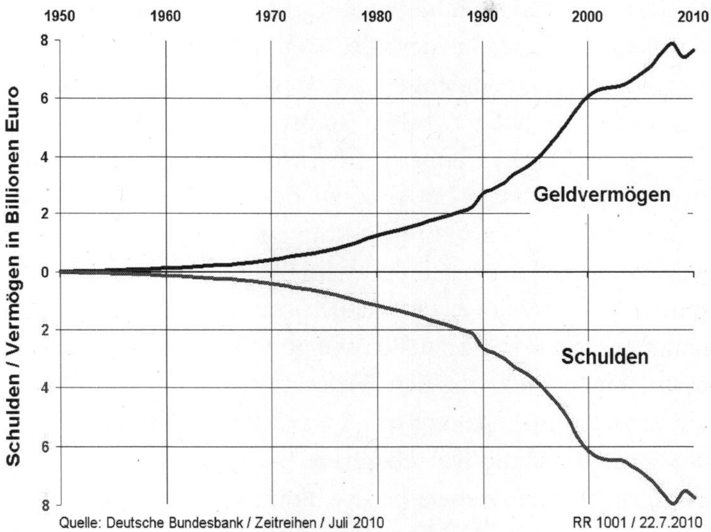

Grafik: http://www.geldsyndrom.de

Zweitens ist die Verschuldung eine Notwendigkeit, weil das bereits bestehende gesparte oder in die Spekulationswirtschaft abgeflossene Geld **Geldmangel erzeugt und durch neues Kreditgeld ersetzt werden muss**, mit dem die angebotenen Güter gekauft werden können. Weil die gesparten Geldvermögen ständig anwachsen, müssen auch die Kredite ständig ausgeweitet werden. Mit den neuen Krediten können die angebotenen Güter wieder gekauft werden und die bisherigen Schuldner können ihre Schulden leichter abbezahlen, weil wieder mehr Geld in Umlauf ist. Damit ist die ständige Kreditausweitung nicht nur aus volkswirtschaftlicher Sicht, sondern auch aus Sicht der Banken notwendig, wenn sie wollen, dass das

Spiel noch ein wenig länger so weiter geht. Doch es ist ein Teufelskreis, der auf Dauer nicht funktionieren kann.

Wenn niemand mehr neue Schulden aufnehmen würde, wäre in Kürze fast alles umlaufende Geld auf den Banken verschwunden. Zum einen deshalb, weil durch die Schuldentilgung die Gesamtgeldmenge nach und nach weniger werden würde (getilgtes Geld wird ja gelöscht). Zum anderen, weil Geld, egal ob bar oder unbar, im Durchschnitt nur wenige Male den Besitzer wechselt, bevor es wieder von irgend jemandem zum Sparen auf ein Konto gelegt, in eine sonstige Geldanlage gesteckt oder zu Hause gehortet wird.

Solange also Geld hauptsächlich als Kredit entsteht und solange gespart wird, brauchen wir in unserem System Schulden, um wieder Gelder in den Wirtschaftskreislauf zu holen!

Die Verschuldung hat freilich dramatische Folgen, aber einseitig die Verschuldung abzubauen, ohne das System zu ändern, hätte noch schrecklichere Folgen: Die gesamte Wirtschaft käme wegen Geldmangels rasch zum Erliegen (siehe nächstes Kapitel). Durch immer höhere Verschuldung kommt ebenfalls die Wirtschaft irgendwann zum Erliegen, aber hier dauert der Prozess länger.

Ein Schuldenabbau ist also innerhalb dieses Systems nicht möglich.

Warum sich Staaten verschulden

Es gibt zwei Möglichkeiten eine Gesellschaft zu besiegen und zu versklaven: Mit dem Schwert, oder mit Verschuldung

John Adams, zweiter Präsident der USA

Die Unternehmen und Privatleute machen **von sich aus zu wenig Schulden,** um genügend Geld in den Wirtschaftskreislauf zu holen. Somit springt der Staat ein und übernimmt damit die Rolle, Geld in die Wirtschaft zu pumpen, um wieder Nachfrage zu schaffen. Der jeweiligen verantwortlichen Regierung braucht diese Funktion von Schulden nicht bewusst zu sein. Sie sieht, dass die Wirtschaft Geld braucht, will sich natürlich auch profilieren und keine Wähler verlieren und nimmt deshalb Kredite auf.

Wenn der Staat Schulden macht, bezahlt er viele Menschen, die bei einem Schuldenabbau nichts mehr verdienen würden. Man bedenke, dass der Anteil der Staatsausgaben an der gesamten wirtschaftlichen Leistung in Deutschland bei knapp 44 Prozent liegt.[68] Wenn nun der Staat weniger Schulden machen würde, müssten entweder die Wirtschaft oder Privatleute mehr Schulden machen, um an das knapp gewordene Geld zu kommen.

Es gibt somit in unserem System **nur die Alternative zwischen höherer Verschuldung oder Geldknappheit.** Staaten wählen in aller Regel die höhere Verschuldung. Nicht nur, um sich beim Volk zu profilieren, sondern auch aus ökonomischen Gründen. Denn die Geldknappheit, die Deflation, entfaltet eine eigene dramatische Abwärtsdynamik:

Damit die Gewerbetreibenden in der Deflation nicht pleite gehen, müssen sie die Preise ihrer Waren senken, um die Konsumenten zum Kaufen zu animieren. Je zögerlicher die Konsumenten das Geld ausgeben, desto stärker sinken die Preise. Aber je stärker sie sinken, desto zögerlicher geben die Verbraucher wiederum ihr Geld aus, denn sie warten ab, dass alles noch billiger wird.

Würden *alle* Preise und Löhne gleichzeitig sinken, sich zum Beispiel bei gleichbleibender Produktivität in einem Jahr halbieren, würde sich nicht viel verändern. Zu den halbierten Preisen könnte man das Gleiche kaufen wie vorher. Wenn jedoch nur eine Größe nachhinkt, entstehen Probleme. Angenommen die Löhne sinken durch die Bindung an Tarifverträge für ein Jahr lang nicht wie alle anderen Preise um die Hälfte. Dann erleiden die Unternehmen Verluste, nicht durch geringere Produktivität, sondern allein durch die Deflation. Die schwächeren Unternehmen geraten dann in die roten Zahlen, die gesamte Wirtschaft gerät ins Stocken. Die Anpassung der Löhne kommt dann für viele Unternehmen schon zu spät, sie sind dann bereits zusammengebrochen.

Übrigens war in Deutschland die Deflation um 1930 entgegen der allgemeinen Meinung auch weit verheerender als die Hyperinflation von 1923. In der Hyperinflation wurden zwar Vermögenswerte in großem Ausmaß vernichtet. Doch da das Geld ständig im Umlauf war, gab es in dieser Zeit zumindest keinen Hunger. Dies war 1930 und in der Folgezeit anders. Hier stieg die Arbeitslosigkeit fast sechs mal so hoch als zur Zeit der Hyperinflation,[69] und es gab Hunger.

Alles in allem wird deshalb zurecht die Verschuldungsausweitung der Deflation vorgezogen. Langfristig bringt das System allerdings **Überschuldung und Deflation gleichzeitig** hervor. Das ist dann der Fall, wenn auch eine drastisch höhere

Schuldenaufnahme und damit Geldmengenausweitung die Wirtschaft nicht mehr beleben kann – eine Situation, die Liquiditätsfalle genannt wird. Mittlerweile befinden wir uns schon mitten darin. Die niedrigen Zinsen, die enorme Geldmengenausweitung der europäischen Zentralbank und eine Wirtschaft, die trotz alledem nicht mehr belebt werden kann, sind Zeichen dafür.

Staatsverschuldung – die heutige Lage

Eine Volkswirtschaft, in der die Schulden rascher wachsen als die Wirtschaftsleistung, und die deshalb nur bei ständigem Wachstum funktioniert, kann auf die Dauer keinen Bestand haben.

Helmut Creutz, in «Das Geldsyndrom»

Die nachfolgende Grafik zeigt, dass die öffentlichen Schulden von Bund, Ländern und Gemeinden in Deutschland zwischen 1970 und 2010 um das 34fache anstiegen, während die Einnahmen aus Steuern im gleichen Zeitraum nur um das Siebenfache anstiegen.

Was würde passieren, wenn der deutsche Staat seine Schulden von circa 2 Billion Euro, 24000 Euro pro Kopf, mit einem Schlag abbezahlen würde?

Das Geld, das sich der Staat von den Banken geliehen hatte, würde durch die Tilgung verschwinden und im Geldkreislauf fehlen. Das Geld, das sich der Staat von den übrigen Staatsanleihenkäufern geliehen hatte, würde bei Rückzahlung ebenfalls im Kreislauf fehlen, sofern es die dadurch Begünstigten weiterhin sparen würden. Wenn der Staat also seine Schulden mit einem Schlag abbezahlen würde, müsste ein ähnlich hoher Schuldenbetrag sofort wieder als Kredit aufgenommen werden. Sonst würde das Geld im Kreislauf fehlen!

Staatseinnahmen – Staatsschulden

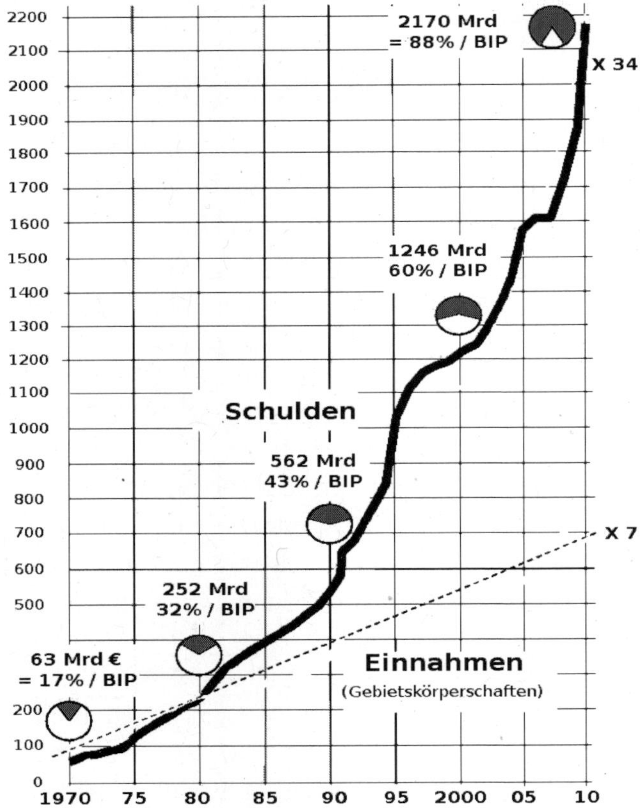

Quelle: BBk-Statistik IX und Sonderveröff. 4

Grafik: Helmut Creutz, Grafikdatenbank, Nr. 036.

Mittlerweile werden vom Staat neue Schulden aufgenommen, um die alten abzahlen zu können – eine Rechnung, die nicht aufgehen kann. Fast alle Staaten dieser Welt verfahren heutzutage so.

In den Debatten über die Staatsverschuldung wird meist ausgeblendet, dass dem Kreditnehmer Staat selbstverständlich auch Gläubiger gegenüberstehen, die an der Staatsverschuldung verdienen. Freilich sind es die Reichsten, die dem Staat am meisten Geld leihen, allen voran die Banken, die es sogar aus dem Nichts schöpfen können; während sich die Ärmsten keine Staatsanleihen leisten können. Die Zinsen für die Gläubiger müssen aber alle Steuerzahler erwirtschaften, so dass durch die Staatsverschuldung ebenfalls eine Umverteilung von Arm nach Reich stattfindet.[70]

Allerdings muss man davon ausgehen, dass die jetzigen Staatsschulden **niemals zurückbezahlt werden.** Das zeigen folgende Überlegungen:

Angenommen, die deutsche Regierung würde ab heute keine Schulden mehr aufnehmen und gesetzlich dazu verpflichtet werden, neben allen anderen Ausgaben jeden Monat eine Milliarde Euro an Schulden zu tilgen. Dann würde es bis ins Jahr 2184 dauern, bis der Schuldenberg der Bundesrepublik vollständig abgetragen ist[71] – ein unrealistisches Szenario.

Man bedenke auch, dass seit Bestehen der Bundesrepublik die Verschuldung nicht abgebaut wurde; mit einer einzigen Ausnahme, dem Haushaltsjahr 2013. Danach stieg die Verschuldung wieder an.

Wenn Schulden nicht abgebaut werden, steigen durch den Zinseszinseffekt mit jedem Jahr die zu bezahlenden Zinsen exponentiell an. Es ist wie bei dem Josephspfennig, nur dass es sich hier nicht um Zinsen auf Guthaben, sondern um Schuldzinsen handelt.

Zur raschen Entschuldung von Staaten gibt es zweierlei Möglichkeiten: Eine Währungsreform, wodurch die Schulden in der alten Währung ungültig werden, oder Inflation, wodurch die Schulden entwertet werden.

Adam Smith sagte bereits 1776: «Wenn Staatsschulden einmal bis zu einem gewissen Grad angehäuft sind, so lässt sich, glaube ich, kaum ein einziges Beispiel für ihre richtige und vollständige Bezahlung anführen».[72] Diese Aussage gilt nach wie vor.

Zusätzlich zur Belastung durch öffentliche Schulden gibt es natürlich die Belastung durch private Schulden. Jeder zweite deutsche Haushalt ist verschuldet[73] und etwa jeder zehnte Erwachsene in Deutschland ist überschuldet.[74]

Der Zwang zum Wirtschaftswachstum

Jeder, der glaubt, exponentielles Wachstum geht in einer begrenzten Welt immer weiter, ist entweder ein Verrückter oder ein Ökonom

Kenneth Boulding, Wirtschaftswissenschaftler

Sobald Geld in Form von Krediten in Umlauf kommt, **herrscht ein Wachstumsdruck auf der Wirtschaft.** Der Staat will, dass die Gesamtwirtschaftsleistung mindestens so viel wächst, dass er über die höheren Steuereinnahmen, die damit einhergehen, die Zinsen für die Staatsschulden bezahlen kann. Für kreditbelastete Unternehmen gilt das Gleiche im Kleinen. Sind Aktienkäufer die Kapitalgeber einer Firma, hat diese Firma zwar zinslos Geld erhalten, steht aber dennoch unter dem Druck, den Aktienbesitzern und damit Anteilseignern eine Rendite zu erwirtschaften.

Die Wirtschaft muss also wachsen, um die Zinsen und Renditeansprüche der Kapitalgeber bezahlen zu können.

Dabei muss ein Unternehmen nicht unbedingt mehr produzieren, um zu wachsen, es kann auch die Preise erhöhen oder Rationalisierungsmaßnahmen treffen.

In Deutschland ist die Aufregung gewöhnlich schon groß, wenn die Wirtschaft «nur» um ein Prozent wächst. Doch **prozentuales Wachstum ist immer exponentielles Wachstum**, denn es baut sich ja immer auf das Vorjahresniveau auf. So ist das, was heute in der absoluten Menge ein Prozent Wachstum der deutschen Wirtschaft ist, knapp vier Mal so viel wie ein Prozent Wirtschaftswachstum Mitte der 60er Jahre.[75] Bei einem konstanten Wachstum von drei Prozent zum Beispiel verdoppelt sich die Ausgangsgröße bereits in rund 24 Jahren.

Kann es ewiges Wachstum geben? Am Anfang werden durch den Wachstumsdruck freilich Innovation, Kreativität und Prosperität angefacht. Doch in einer begrenzten Welt ist irgendwann kein quantitatives Wachstum mehr möglich. Irgendwann sind die Märkte gesättigt.

Wie sollte zum Beispiel der Fahrradsektor ewig wachsen? Irgendwann ist der Fahrradmarkt gesättigt und es werden immer nur so viele Fahrräder nachproduziert, wie durchschnittlich alte kaputt gehen. Und das gilt letztendlich für alle Wirtschaftssektoren.

Manche glauben, dass die Wirtschaft durch den Ausbau des virtuellen und des Dienstleistungssektors ewig wachsen könne. Doch wenn zum Beispiel ein Bauer in den Dienstleistungssektor wechselt, dann muss dafür ein anderer Bauer mehr produzieren, um den ersten mit ernähren zu können. Durch den

Berufswechsel des Bauern wird also nicht mehr Wertschöpfung erzeugt, es findet nur eine Verlagerung der Aufgabenverteilung statt. Ähnliches gilt für das Internet. Wenn Internetunternehmen wachsen, weil etwa mehr Menschen ihre Einkäufe online tätigen, dann wird allein deshalb nicht mehr gekauft.

Nur im geistigen beziehungsweise ideellen Sinne kann es ewiges Wachstum geben. Man kann sich unbegrenzt weiter bilden, kann die Lebensqualität immer weiter verbessern. Verfahrensabläufe können optimiert und die Technologie immer fortschrittlicher werden, was es uns ermöglicht, mit gleichbleibender oder weniger Leistung, den Wohlstand zu erhöhen. Dies ist aber kein quantitatives Wachstum, sondern ein qualitatives. Nur die Zinsen und Renditen für die Kapitalgeber schaffen den künstlichen Zwang, dass die Wirtschaft im quantitativen Sinne immer weiter wachsen muss.

Bei gesättigtem Bedarf ist die Versorgung aber auch ohne Wirtschaftswachstum gesichert. Ein «Nullwachstum» bedeutet keinesfalls einen Stillstand der Wohlstandsentwicklung oder gar einen Rückschritt, auch wenn dies immer wieder behauptet wird. Vielmehr kann jeder arbeitende Mensch bei gleichbleibender Leistung und damit gleichbleibendem Einkommen, nicht nur seinen materiellen Wohlstand halten, sondern ihn auch von Jahr zu Jahr in gleichem Umfang ausweiten: Die Konsumgüter, die er sich einmal gekauft hat, verschwinden ja nicht einfach, sie lassen sich anhäufen.

Dass wir ein zwanghaftes Wirtschaftswachstum haben, hat der ehemalige Bundesforschungsminister Volker Hauff einmal offen ausgesprochen: «Ein funktionierendes kapitalistisches Wirtschaftssystem muss sich ständig ausweiten. Jeder Rückgang in der Produktion löst eine Wirtschaftskrise mit all ihren Folgen aus: Arbeitslosigkeit, sinkende Einkommen, steigende Staatsverschuldung!»[76]

Und so treibt das Geld die Menschen vor sich her, zwingt sie zu immer höheren Leistungen. Immer neue Wachstumsnischen werden gesucht, durch die Werbung immer neue Bedürfnisse erweckt, Trends erzeugt und Ressourcen verschwendet. Auch ist man gezwungen, immer wieder Zerstörungsherde zu schüren, also Werte zu vernichten, um neue erzeugen zu können. Rein wirtschaftlich gesehen ist der Krieg das Beste, was einigen Profiteuren in der Endphase dieses Systems passieren kann. Denn an ihm lässt sich gut verdienen und hinterher sind durch die Zerstörung wieder grundlegend neue Wachstumsmärkte vorhanden.

Spekulation – die Ursache der Bankenkrise

Spekulieren ist kein Spiel, es ist eine Maßnahme zum Schutz des Vermögens.

André Kostolany, Börsenguru

Wir sind an einem Punkt angelangt, an dem es **in der realen Wirtschaft kaum noch Wachstumsmöglichkeiten** gibt. Das heißt nicht, dass die Wirtschaft generell keine Möglichkeiten mehr hat, zu wachsen, sondern, dass sie unter den jetzigen Bedingungen kaum noch wachsen kann: Unter der zunehmenden Schuldenbelastung und der Situation des schleppenden Geldumlaufs.

Und wenn dieser Punkt erreicht ist, dann **drängt das Geld in spekulative Geschäfte.** So ist heute paradoxerweise ein Zustand erreicht, in dem auf der einen Seite viel zu viel Geld da ist, das Anlage sucht, während auf der anderen Seite die Realwirtschaft gleichzeitig am Geldmangel erstickt, weil sie sich als Geldanlage für die Kapitalgeber kaum noch lohnt.

Generell ist die reine Finanzwirtschaft ein Übel der heutigen Zeit. Wenn man Geld direkt in eine Firma investiert, zum Beispiel indem man Maschinen kauft, dann ist dieses Geld räumlich und zeitlich an diese Firma gebunden: Man kann sein Geld nicht plötzlich abziehen, wenn sich woanders größere Gewinnaussichten auftun. Man muss erst warten, bis die Investition einen Gewinn abwirft. In der reinen Geldwirtschaft dagegen laufen die Geschäfte direkt oder indirekt ungefähr so ab: Ich wette, dass diese oder jene Aktie oder Währung, dieser oder jener Rohstoffpreis in nächster Zeit steigt (oder fällt). Wenn ich recht behalte, gewinne ich das eingesetzte Geld, wenn nicht, gewinnt der Gegenspekulant.

Diese Geschäfte sind nicht wertschöpfend, die Realwirtschaft dient hier nur noch als Anlass für die Wetten. Vom Prinzip her könnte man genauso gut auf das Wetter oder Sonstiges wetten.

Dabei ist die reine Finanzwirtschaft in ihrer Kurzfristigkeit den realen Investitionen überlegen, denn das Geld kann hier mit Computergeschwindigkeit immer dort angelegt werden, wo gerade die größte Aussicht auf Gewinn besteht. So hingen 2010 nur noch weniger als 0,5 Prozent der weltweiten Kapitalbewegungen mit realen Gütern zusammen, der Rest ist eine reine Kasinowirtschaft![77] Doch diese Finanzinvestitionen hinterlassen Spuren und Verwüstungen in der realen Wirtschaft, die mit dieser Ungebundenheit nicht mithalten kann. Letztendlich ist es immer die Realwirtschaft, aus der sich jedes Geldvermögen speist.

In Zeiten, in denen die Gesamtwirtschaft noch wächst, können theoretisch alle Geldanleger gewinnen. In Zeiten, in denen die Wirtschaft nicht mehr wächst, sind bei den spekulativen

Wettgeschäften die einen Gewinner, die anderen Verlierer. Warum beteiligten sich dennoch in den letzten Jahrzehnten auch mehr und mehr Banken an riskanten Aktivitäten?

Zuerst zur Kreditvergabe. Wir erinnern uns: Im selben Umfang, wie sich die gesparten und angelegten Gelder anhäufen, fehlen diese in der Realwirtschaft. Um unter diesen Bedingungen weiter existieren zu können, sind viele Privatpersonen und Unternehmen gezwungen, Kredite aufzunehmen. Dabei haben auch die Banken ein Interesse an der Kreditausweitung, um das System am Laufen zu halten. Doch irgendwann stößt die Ausweitung der Verschuldung an die Grenze des natürlichen Wachstums. Irgendwann muss es zwangsläufig zu dem Punkt kommen, dass die vergebenen Kredite nicht mehr zurückgezahlt werden können («faule Kredite») und Spekulationsverluste eintreten, weil die Wirtschaft stockt. Da nutzt auch ein Verbot von riskanten Geschäften nichts.

Warum aber betätigen sich Banken auch bei reinen Wettgeschäften und bei riskantem Wertpapierhandel?

Zwar können Banken in Kooperation Geld herstellen. Doch wenn sich zum Beispiel alle Bankvorstände hohe Boni auszahlen wollen, dann müssen sie vorher der Öffentlichkeit glaubhaft machen, dass sie das Geld dafür auch erwirtschaftet haben. Acht Prozent eines Betrages, den eine Bank aus dem Nichts geschöpft hat, muss sie laut Gesetz als «Ausgleich» dafür «erwirtschaften», die Eigenkapitalquote. Wenn in der Bilanz eine hohe Eigenmittelquote erscheint, gilt das für die Öffentlichkeit als Nachweis, dass das ausgegebene Geld nicht einfach aus dem Nichts geschöpft ist, sondern aus erwirtschafteten Eigenmitteln stammt.

Wenn Banken erfolgreich spekulieren, haben sie dadurch keinen direkten, realen Ertrag. Wer Geld selbst herstellen kann, muss nirgendwo Geld eintreiben. Der Gewinn durch Spekulation, sowie auch durch das Kreditgeschäft, führt jedoch in der Bilanz zu einer Erhöhung der Eigenmittelquote. Und diese ist Voraussetzung dafür, dass die Banken **auch die Geldschöpfung aus dem Nichts erhöhen können.**[78] Denn durch die höhere Eigenmittelquote sieht das neu geschöpfte Geld wie erwirtschaftet aus.

So spekulieren Banken also in riskanten Anlagen, um bei Erfolg hohe Gewinne in der Bilanz darstellen zu können, die eine Voraussetzung sind für ihre eigentliche Einnahmequelle, nämlich die Geldschöpfung aus dem Nichts.

Darüber hinaus haben die Banken, wie erwähnt, ein Interesse daran, dass die Realwirtschaft nicht zugrunde geht. Wenn sie Gelder aus dem Nichts schöpfen und in Umlauf bringen, übernehmen sie damit auch die Rolle, das dauernd in die Sparstrümpfe und «Anlagestrümpfe» abfließende Geld durch neues zu ersetzen. Wenn nicht mehr genügend Kredite aufgenommen werden, kann diese Geldmengenausweitung nicht mehr alleine durch Kreditvergabe geschehen. In diesem Sinne ist die Spekulation der Banken nicht nur als Folge einer Gier anzusehen. Sie ist ebenfalls anzusehen als Symptom eines Systems, das als **Ausgleich zur ständigen Ausweitung der angesparten Vermögen** eine ständige Geldmengenausweitung erfordert.

Minuszinsen und eine Billionengeldschwemme der Zentralbank – zur aktuellen Situation

Unsichtbar wird der Wahnsinn, wenn er genügend große Ausmaße angenommen hat.

Bertholt Brecht

Mittlerweile wurden die Zinsen fast bis auf den Nullpunkt gesenkt, damit sich noch Kreditnehmer finden. Dabei handelt es sich nicht nur um eine Niedrigzinsphase in einer vorübergehenden Wirtschaftsflaute, wie es in der Öffentlichkeit oft dargestellt wird. Es handelt sich vielmehr um ein Symptom dafür, dass die **weitere Verzinsung der Geldvermögen an die Grenzen des natürlichen Wachstums stößt** und dieses System seinem zwangsläufigen Ende zugeht.[79]

Die niedrigen Zinsen bedeuten auch nicht, dass die Vermögensanhäufung einiger weniger gestoppt wird. Die Reichsten können auch bei fehlenden Zinsen und sinkender Wirtschaftskraft ihren Anteil am Gesamtvermögen erhöhen, indem sie immer mehr Wirtschaftsbereiche übernehmen. Das ist möglich durch das heutige Eigentumsrecht an Firmen, durch das Bodenrecht und die fehlenden Beschränkungen von Spekulationen. Dadurch **wachsen die Vermögen auch ohne Bankzinsen.** Die Bankzinsen waren allerdings über viele Jahre lang eine essenzielle Grundlage dafür, dass sich die Vermögensverteilung überhaupt bis zum heutigen Ausgangspunkt entwickeln konnte.

Die EZB verlangt schon seit einiger Zeit Minuszinsen, auch Strafzinsen genannt, auf die Konten, die die Geschäftsbanken bei ihr unterhalten. Der Grund ist folgender:

Die Schuldenaufnahme ist in unserem System eine Voraussetzung dafür, dass Geld in Umlauf kommt. Wenn kein Wirtschaftswachstum und keine Wachstumserwartungen mehr vorhanden sind und die Schuldenaufnahme dadurch zurück geht, entsteht daraus folglich Geldknappheit, also die gefährliche Deflation, wie wir sie jetzt erleben. Durch die Minuszinsen der EZB sollen die Banken dazu gebracht werden, übrige Reserven nicht bei der EZB zu parken, sondern in die Wirtschaft fließen lassen, damit eine Deflation abgewendet werden kann.

Doch der Erfolg dieser Maßnahme blieb aus. Die Realwirtschaft lohnt sich nicht mehr als Geldanlage. Das anlagesuchende Vermögen fließt dadurch umso mehr in die Spekulationswirtschaft.

Auf dem Geldmarkt geht es mittlerweile weniger um Geldvermehrung als um Gelderhalt. Mehr noch: Anleger zahlen sogar Minuszinsen für Geldanlagen, die ihnen sicher erscheinen, was zu Minuszinsen bei vielen Staatsanleihen geführt hat. Dies kommt in Auktionen zustande, bei denen die Staaten die Anleihen, die sie ausgeben wollen, versteigern; je höher die Nachfrage nach ihnen ist, desto niedriger kann der Staat die Zinsen für sie sinken lassen. Und mittlerweile können viele Staaten Minuszinsen auf ihre Anleihen verlangen, denn es finden sich auch unter dieser Voraussetzung genügend Abnehmer. So leihen also Anleger dem Staat Geld und bekommen nach Ende der Laufzeit weniger zurück. Die entsprechenden Staaten verdienen dagegen am Schuldenmachen.

Wie ist es zu erklären, dass Anleger ihr Geld in Anlagen mit negativer Rendite stecken? Würden sie das Geld zu Hause horten, hätten sie immerhin gar keine Kosten. Auch das Mieten eines Safes ist ab gewissen Summen weit günstiger als die Minuszinsen.[80] Doch Abnehmer von Staatsanleihen mit negativer Rendite sind vor allem Großanleger. Viele von ihnen müssen Staatsanleihen kaufen, weil sie diese als Pfand für ihre Geldgeschäfte nutzen. Andere Anleger wie Pensionskassen müssen in Staatsanleihen investieren, weil ihre Anlagerichtlinien es so vorschreiben. Die Alternative, nämlich eine Auszahlung ihrer Kontoguthaben in bar wäre bei den Summen, um die es hier geht, mit Problemen verbunden, denn die Banken besitzen gar nicht so viel Geld in bar und es käme sie teuer, es sich bei der EZB zu besorgen.

In der Schweiz hat der Dachverband der Pensionskassen eine solche Barauszahlung von Teilen seines Vermögens tatsächlich beantragt, denn die Lagerung des Geldes in Tresoren ist für die Pensionskassen billiger. Eine Bank ließ jedoch verlauten, dass eine Aushändigung derart hoher Summen für sie nicht in Frage kommt.[81]

Da die Deflationstendenzen trotz aller Rettungsversuche nicht abgenommen haben, geht die EZB seit März 2015 neue Wege und kauft Staatsanleihen und Anleihen von privaten Schuldnern im voraussichtlichen Wert von über 1100 Milliarden Euro auf. Doch sie kauft die Anleihen den Staaten nicht direkt ab, also verleiht nicht direkt Geld an sie. Eine direkte Staatsfinanzierung über die Notenpresse ist der EZB verboten. So kauft die EZB die Anleihen nicht auf dem Primär-, sondern auf dem Sekundärmarkt. Das heißt, sie kauft mit selbst geschöpftem Geld bereits ausgegebene Staatsanleihen ihren Besitzern ab. Genau genommen kauft sie diese nur Banken, Versicherungen und Investmentfonds ab, um auf ihr geplantes Kaufvolumen zu kommen.

Das zusätzliche Geld, das dadurch erzeugt und in Umlauf gebracht wird, soll das Geld geradezu entwerten. Die Menschen sollen durch die Geldentwertung dazu gebracht werden, das Geld schneller auszugeben und dadurch die Wirtschaft zu beleben. Als wünschenswert wird eine Inflation von zwei Prozent im Jahr angesehen. Dass auch andere Wege der Geldumlaufsicherung möglich sind, wird noch gezeigt werden.

Letztendlich ist das Programm der EZB eine Staatsfinanzierung auf Umwegen. Zwar erhalten die Staaten Kredite nicht direkt von der EZB, aber sie können nun von Banken, Versicherungen und Fonds vermehrt und vergünstigt Kredite erhalten. Die Banken, Versicherungen und Fonds wissen ja, dass sie in der europäischen Zentralbank einen sicheren Abnehmer haben, an den sie die vergebenen Kredite, also die Staatsanleihen weiter verkaufen können. Und so sollte es den nationalen Regierungen nicht schwer fallen, konkrete Abmachungen etwa mit Banken zu treffen, innerhalb derer die Banken dem Staat Anleihen abnehmen, die sie dann sicher an die EZB weiterreichen können. Das erhöht die Nachfrage nach Staatsanleihen, was den Zinssatz, den die Staaten auf ihre Anleihen zahlen müssen, sinken lässt.

Nun kann man es so sehen, dass es für die Mehrheit der Bevölkerung ein Vorteil ist, dass die Staatshaushalte nun weniger mit Zinszahlungen belastet sind. Dass sich die Eurostaaten jetzt ihr Geld über Umwege billig von der EZB leihen, ist auch noch besser, als wenn sie es sich teuer von Privatbanken und Privatinvestoren leihen müssen. Ebenso ist es begrüßenswert, dass die Gelder der EZB nicht als Kredit, also nicht über Schulden in die Welt kommen.

Dennoch begünstigt die EZB durch dieses Ausgabeprogramm die Falschen. Zum einen nämlich diejenigen, die Staatsanleihen im großen Stil besitzen und diese an die EZB verkaufen, also Banken, Versicherungen und Fonds. Zum anderen Aktienbesitzer: Wenn die Staatsanleihen nämlich keine hohen Zinsen mehr abwerfen, legen die Anleger ihr Geld vermehrt in Aktien an, was deren Kurse in die Höhe treiben lässt und einigen Großspekulanten hohe Gewinne ermöglicht. Dadurch **begünstigen Zentralbanken durch derlei Anleihenkäufe die oberen fünf Prozent** der Bevölkerung, wie ausgerechnet die Bank of England in einer Studie feststellte.[82]

Eine gewünschte Wirkung der Geldmengenerweiterung der Zentralbank ist, dass die Banken nun leichter und billiger Kredite vergeben. Immerhin haben die Banken durch vermehrte Einnahmen aus Anleihenverkäufen mehr Rücklagen und dadurch, möchte man meinen, mehr Risikospielraum. Voraussetzung für eine derartige Kreditbelebung ist, dass es genügend Kreditnachfrage gibt. Wenn die Wirtschaft nicht mehr gut läuft, gibt es diese aber nicht.

Was die Banken mit zusätzlichem Zentralbankgeld unter diesen Voraussetzungen eher tun, als mehr Kredite zu vergeben, ist, dass sie damit Vermögenswerte aufkaufen. So steigen auch hierdurch die Aktienkurse, sowie die Preise von Immobilien. Es entstehen also Vermögenspreisblasen mit der Gefahr, dass diese platzen; die Banken werden noch mächtiger und das Geld fließt nicht dahin, wo es vor allem gebraucht werden würde. Die Besitzer von Wertpapieren und Immobilien werden reicher, und nur wenn diese Menschen etwas von ihrem zusätzlichen Reichtum ausgeben, erreicht es die Gesamtwirtschaft und die Güterpreise ziehen an. Eine Belebung der Wirtschaft durch das Anleihenkaufprogramm der EZB ist also, wenn überhaupt, nur zögerlich zu erwarten.

In der Vergangenheit zeigte sich, dass es den Volkswirtschaften durch ähnliche Geldmengenerhöhungen der Zentralbank zwar besser ging, als wenn diese nicht stattgefunden hätten.[83] Dennoch muss man sehen, dass die Zentralbank, wenn sie schon so viel Geld erzeugen will, viel weisere Dinge damit anstellen könnte. Würde man zum Beispiel den Betrag von 1100 Milliarden Euro, den die EZB in Umlauf bringen will, auf alle Bürger des Euroraums gleich verteilen, würde jeder, vom Kind bis zum Greis, circa 3200 Euro erhalten. Dann würden die Nachfrage unzweifelhaft belebt werden.[84] Doch selbst wenn die EZB das Geld nach Maßstäben der sozialen Gerechtigkeit verteilen würde, wäre dies keine dauerhafte Lösung, sondern nur eine Korrektur von systembedingten Symptomen.

Ein allgemeiner Kritikpunkt am Programm der EZB ist, dass die Regierungen von Schuldenstaaten in ihrem Reformeifer nachlassen könnten, weil jetzt die Notenbank in großem Umfang ihre staatlichen Schulden finanziert. Dieser Punkt ist jedoch nicht relevant, denn es kann kein Ziel sein, dass sich die Staaten «reformieren», indem sie immer weitere Ausgaben kürzen, um ihre Schulden bedienen zu können. Die auferlegten Ausgabenkürzungen in Ländern wie Griechenland sind keine echten Reformen. Es sind vielmehr gewaltsame Methoden, um die **Verzinsung des Geldes der Vermögenden noch möglichst lange sicher zu stellen**.

Da die Verschuldung ohnehin niemals abgebaut werden kann, solange das System nicht geändert wird, ist der Reformdruck auf Länder wie Griechenland ebenfalls als Schikane anzusehen, die von den eigentlichen Ursachen der Geldkrise ablenkt. Außerdem kann auf diese Weise Macht auf solche verschuldeten Länder ausgeübt werden.[85]

Dass in Griechenland Misswirtschaft und Korruption blühten und blühen, hat die Verschuldung des Landes vielleicht schneller ansteigen lassen als in anderen Staaten. Das ändert jedoch nichts daran, dass **die Verschuldung in unserem Geldsystem auch ohne Misswirtschaft immer weiter steigen muss.** Einige Länder sind in dieser Schuldenentwicklung aufgrund von Armut und/oder Misswirtschaft nur etwas weiter fortgeschritten. Grundsätzlich steht aber allen Ländern diese Entwicklung bevor, wenn sie das System beibehalten!

Teil II: Lösungen für das Geldsystem

Befreit vom Zins: Freigeld

Geld gegen Äpfel – Das Monopol des Geldes

Wenn es der Politik nicht gelingt, endlich die überfällige Reform der Finanzmärkte durchzusetzen, sind die westlichen Demokratien in der jetzigen Form nicht mehr zu retten.

Heiner Geißler, Politiker

Um uns einer Lösung der Geldproblematik anzunähern, müssen wir bei den Ursachen unseres jetzigen Geldsystems ansetzen. Erinnern wir uns: Die eigentliche Ursache dafür, dass es den Zins und Zinseszins gibt, ist, dass Geld von Privatleuten gehortet wird, während es die Wirtschaft als Tauschmittel zwingend braucht. Durch das Horten wird das benötigte Geld also knapp. Und überall, wo es ein knappes Gut gibt, nach dem Nachfrage herrscht, entsteht auch ein Preis für dieses Gut, in diesem Fall der Zins. Das ist ein ganz natürlicher Prozess, den auch kein alleiniges Zinsverbot einfach verhindern kann.

So wurde auch in Zeiten, als es in Europa ein Zinsverbot gab, vom 12. bis Mitte des 17. Jahrhunderts, Geld gegen Zinsen verliehen. Wer will sein Geld schon ohne Zinsen herleihen? Immerhin besteht ja auch das Risiko, dass der Schuldner das Geld nie zurückzahlt. Die Zinsen waren damals sehr hoch, da der Geldverleiher zusätzlich dem Risiko der Verfolgung ausgesetzt war, für das er entschädigt werden wollte.

Auch in den islamischen Ländern, in denen heute offiziell immer noch ein Zinsverbot gilt, werden Zinsen genommen. Sie treten dort für gewöhnlich nur verschleiert auf, nämlich in Form von Beteiligungen an Firmen und Sachwerten: Jemand, der einen Kredit aufnimmt, verspricht dem Kreditgeber dann als Zins zum Beispiel einen Anteil an seiner Firma oder seinem Grundstück.[86] Dies ist noch problematischer als der reguläre Zins, da die Geldbesitzer hier unmittelbar Wirtschaftsmacht übertragen bekommen.

Die grundlegende Frage lautet nun, wieso Geld eigentlich so gern gehortet wird, dass es oft nur über den Anreiz des Zinses hergegeben wird. Die Antwort ist: Weil das Geld den Gütern überlegen ist. Wenn einer eine Kiste Äpfel hat und ein anderer übriges Geld, um diese Äpfel zu kaufen, dann steht der Apfelbesitzer unter dem Druck, schnell verkaufen zu müssen, weil die Äpfel mit der Zeit verderben; während derjenige, der Geld übrig hat, warten kann. Und wenn zwei in Verhandlung treten, von denen der eine unter Druck steht, dann macht der andere den Gewinn.

Diejenigen, die Geld übrig haben, stehen immer unter dem geringsten Druck, es herzugeben. Wer dagegen Güter produziert, muss immer versuchen, sie zügig zu verkaufen, um Verluste und Lagerkosten zu vermeiden. Noch mehr steht derjenige unter Druck, der ohne Ersparnisse allein von seiner Arbeitskraft lebt: Er ist zum Angebot seiner Arbeit gezwungen, wenn er nicht verhungern will.

Die Volkswirtschaftslehre sagt: Der Zins ist der Preis für das Geld. Das ist richtig. Aber ein *gerechter* Preis entsteht erst, wenn Angebot und Nachfrage ausgeglichen sind, wenn keine Seite von vorn herein mächtiger ist. Die Tatsache nun, dass man **Geld zu seinem Vorteil horten kann, Güter aber nicht** – Ausnahmen gelten für Weine, manche Kunstgegenstände und

Sammlerstücke –, macht Geld zu einem Monopol. Dadurch sinkt der Leihpreis des Geldes, also der Zins, nie auf eine gerechte Ebene.

Ein wirklich gerechter Zins hängt alles in allem von einem Ausgleich zwischen den Machtpositionen der Geldbesitzer und den Besitzern von Waren und Dienstleistungen ab – vorausgesetzt, dass das Geld, für das man Zinsen erhält, anders als heute auch tatsächlich an die Kreditnehmer weitergereicht wird.

Vom Herrscher zum Diener: Alterndes Geld

Kein Tausch ohne Gleichheit

Was ist die Lösung? Wie kann Geld den Waren gegenüber gleichwertig werden? Zunächst einmal muss gesagt werden: Geld ist eine öffentliche Einrichtung. Öffentliche Einrichtungen, wie zum Beispiel Telefonzellen oder Straßen, sind dadurch gekennzeichnet, dass sie jeder Bürger unter gleichen Voraussetzungen nutzen, aber niemals blockieren darf, und dass sie direkt oder indirekt mit Kosten verbunden sind.

Während der Blockierer von öffentlichen Einrichtungen im Allgemeinen mit Sanktionen rechnen muss, ist es beim Geld umgekehrt. Hier wird das gemeinschaftsschädigende Verhalten, das Horten, nicht mit Strafgebühren belegt, sondern mit einer Prämie «belohnt», dem Zins.

Wir haben festgestellt, dass der Warenabsatz nur gesichert ist, wenn kein Geld unbenutzt liegen bleibt. Voraussetzung für ein funktionsfähiges Geldwesen ist es daher, von der Allgemeinheit gesetzlicherseits nicht nur die Annahme des Geldes als Zahlungsmittel zu sichern, sondern auch das *Ausgeben*.

Geld muss daher so konzipiert sein, **dass es mit Nachteilen verbunden ist, wenn man es hortet** und nicht so, dass es mit umso mehr Vorteilen verbunden ist, je länger man es (auf der Bank) hortet. Es muss sozusagen langsam altern, wie Äpfel und andere Waren auch.
Dann tritt beim Geld an die Stelle des Privatbesitzrechts ein Nutzungsrecht. Dadurch wird der Geldumlauf gesichert und das Geld kann von einer Ware zu einem Instrument werden. So wird verhindert, dass derjenige der Geld übrig hat, das er ohnehin gerade nicht braucht, diejenigen, die es dringend brauchen, zur Zahlung von Zinsen erpresst, indem er das Geld dem Wirtschaftskreislauf vorenthält.

Ein solches alterndes Geld wird *Freigeld* genannt, was bedeutet, dass es frei von Zins ist.

Ein segensreiches Geldsystem im Mittelalter

Im Mittelalter gab es 300 Jahre lang ein Geldsystem, dass so konzipiert war, dass das Horten mit Verlusten verbunden war, nicht mit Gewinnen: Das Brakteatengeld.[87] Die Brakteaten-Münzen wurden aus dünnem Silberblech gefertigt und waren recht brüchig. Deshalb wurden sie jedes Jahr ein- bis zweimal für ungültig erklärt und eingesammelt, um sie neu prägen zu lassen. Und da die Obrigkeit bei dieser Gelegenheit gleich Steuern einbehielt, bekam man weniger Geld zurück, als man ursprünglich abgegeben hatte. Den Effekt dieses Vorgangs kann man sich denken. Die Menschen gaben das unbeliebte Geld laufend aus, um dafür noch Güter im gleichen Wert zu bekommen, bevor man am Tag des Einsammelns auf dem Geld sitzen geblieben wäre und weniger zurückbekommen hätte.

Wenn die Leute das Geld gerade nicht gebraucht haben, haben sie es sogar zinslos verliehen, wie mittelalterliche Dokumente bezeugen. Der Geldbesitzer hatte dadurch immer noch einen Vorteil. Der Schuldner musste ja den gleichen Geldbetrag zurückzahlen, den er sich ausgeliehen hatte. Dagegen hätte der Geldbesitzer weniger Geld zurückbekommen, wenn er es behalten und zur Neuprägung abgegeben hätte. Diesen Verlust hatte dann der Schuldner zu tragen, was eine Art natürlichen Kreditzins darstellte.

Geld war also etwas, das man loswerden wollte. Dadurch war es nicht knapp, es war immer im Umlauf und schaffte allgemeinen Wohlstand. Es war Mittel und nicht Zweck, war Diener, nicht Herrscher, und konnte somit seine Funktion als allgemeines Tauschmittel erfüllen.

Oft verbinden wir mit dem Mittelalter Armut und Schrecken. Doch die Zeit des Brakteatengeldes von circa 1150 bis 1450 war **die Zeit des goldenen Mittelalters**, in der auf mittelalterlichem Niveau ein Wohlstand herrschte, von dem wir heute kaum etwas wissen. In dieser Zeit wurden die meisten Städte gegründet, es gab keine Hungersnöte und eine Wochenarbeitszeit von 20 bis 30 Stunden! Zusammen mit den christlichen Feiertagen, gab es insgesamt 180 Feiertage im Jahr.[88]

Was macht man mit Geld, wenn man es loswerden möchte, aber schon alles hat, was man im eigentlichen Sinne braucht? Wofür kann man nie genug Geld ausgeben? Dies ist zum Beispiel der Bereich der Kunst und Kultur. Wenn die mittelalterlichen Menschen also Geld übrig hatten, dann gaben sie es, wenn sie es nicht verliehen, besonders häufig für Kunst und Kultur aus.

So ist es kein Zufall, dass in dieser Zeit die großen Dome und Kathedralen gebaut wurden – aus freiwilligen Spendengeldern. Man muss sich einmal vorstellen, Köln hatte in der Zeit, als der

Dombau begonnen wurde, nur 20000 Einwohner. Und solche großen Bauprojekte wurden begonnen, obwohl man von vorn herein wusste, dass sich die Fertigstellung über mehr als hundert Jahre hinziehen würde. Über zinsbelastete Kredite hätte sich so etwas niemals finanzieren und realisieren lassen. Denn in einem Zinssystem ist es ja so: Je länger die Laufzeiten für das ausgeliehene Geld sind, desto mehr Zinsen muss man insgesamt auch zahlen.

Die Vorteile des Brakteatengeldes sahen die Menschen im Mittelalter selbst offenbar nicht. Sie sahen es als lästig an, dass sie das Geld immer wieder abgeben mussten und weniger zurückbekamen. So wurde dieses System um 1450 zugunsten von stabileren Münzen, die man nicht ständig neu prägen musste, abgeschafft. Es dauerte keine hundert Jahre und die Dombauten wurden komplett eingestellt:

Regensburger Dom: Baustopp um 1520. Kölner Dom: Baustopp 1530. Ulmer Münster: Baustopp 1543.

Die Begründung dafür, die man heute in den Domen lesen kann, ist schlicht «Geldmangel», und so war es auch. 300 Jahre lang ruhten die Dombauten und wurden alle erst im 19. Jahrhundert fertiggestellt. Ein leuchtenderes Beispiel für die Wirkung eines zinsunbelasteten Geldsystems kann man sich kaum denken.

Erst als das Brakteatengeld abgeschafft wurde, brach das sogenannte finstere Mittelalter an. In Kürze konnten die Fugger durch Zinsgewinne ein gewaltiges Vermögen ansammeln und wurden zur reichsten Familie des damaligen Abendlandes. Auch die Herrscher waren bei ihnen verschuldet. Erst in dieser Zeit, also fast am Beginn der Neuzeit, kamen dann auch Inquisition und Hexenverbrennung auf, das finstere Mittelalter.

Das Experiment von Wörgl

Ein anderes Beispiel für zinsloses Geld gab es 1932 in der österreichischen Gemeinde Wörgl. Es war die Zeit der großen Weltwirtschaftskrise. Das Geld lief nur schleppend um, es herrschte Deflation. Wörgls Bürgermeister Michael Unterguggenberger hatte die Bücher von Silvio Gesell gelesen, der das Zinsproblem erstmals systematisch beschrieben und ein «alterndes Geld» wie im Mittelalter vorgeschlagen hatte. Davon inspiriert, startete er zur Rettung seiner notleidenden Gemeinde einen Versuch.

Er bezahlte die Angestellten der Gemeinde mit selbst kreierten Geldscheinen, die mit Schillingen hinterlegt waren. Auf diese Scheine musste man an jedem Monatsanfang einen Aufkleber im Wert von einem Prozent des jeweiligen Nennwertes kleben. Wer zum Beispiel am Monatsanfang einen Hundert-Schilling-Schein besaß, musste bei der Gemeinde für einen Schilling einen Aufkleber kaufen und auf den Schein kleben. Nur so behielt der Schein seine von der Gemeinde anerkannte Gültigkeit. Je mehr Monate ein Schein nicht ausgegeben wurde, desto mehr Aufkleber wurden fällig.

Über die Angestellten der Gemeinde kam dieses sogenannte Schwundgeld in den weiteren Umlauf. Die Geschäfte akzeptierten es, da sie seinen Wert durch die Gemeinde garantiert und durch Schilling gedeckt sahen. Betont werden muss allerdings, dass diese Deckung nur als eine psychologische Hilfe angesehen werden muss, damit das Geld leichter akzeptiert wurde. Ökonomisch gesehen, hätte das System auch funktioniert, wenn es diese hinterlegten Schillinge gar nicht gegeben hätte.

Da niemand am Monatsanfang auf den Geldscheinen sitzen bleiben wollte, wurden diese laufend ausgegeben. **Und auf einmal blühte Wörgl auf.** Die Arbeitslosigkeit sank innerhalb eines Jahres um 25 Prozent, während sie im übrigen Österreich in der selben Zeit um 20 Prozent stieg! Es wurden Straßen, Brücken und ein Schwimmbad gebaut – und das mitten in der Wirtschaftskrise.[89] Wörgl wurde zu einer Insel des Wohlstands. Dutzende Nachbargemeinden wollten sich dem Experiment anschließen. Selbst aus den USA reisten Ökonomen an und schlugen nach ihrer Rückkehr eine Einführung von Schwundgeld für Amerika vor.

Dieser gewaltige Erfolg brachte jedoch die österreichische Nationalbank auf den Plan. Sie sah ihr Geldmonopol gefährdet und verbot das Experiment nach circa einem Jahr.

In Deutschland gab es 1929 im niederbayerischen Schwanenkirchen ein ähnliches Experiment. Ein Mann namens Max Hebecker nahm ein still gelegtes Bergwerk wieder in Betrieb und zahlte die Löhne teilweise in «Wära» aus, einem selbst kreierten Schwundgeld. Damit wurde in den Geschäften der Umgebung eingekauft, die mit dem Geld wiederum Bergwerkskohle kauften. Auch dieses Geldexperiment war erfolgreich, doch wurde es nach zwei Jahren ebenfalls verboten.[90]

Aktuelle Beispiele für zinsloses Geld

Komplementärwährungen, also Währungen, die zusätzlich zur gesetzlichen Währung bestehen, gibt es überall auf der Welt. Besonders zahlreich sind sie in Japan, wo es über 250 Komplementärwährungen gibt. Sie wurden in Japan gezielt auch vom Staat gefördert, um die langwierige Deflation zu bekämpfen.[91]

Die meisten dieser Komplementärwährungen haben keine Umlaufsicherung, so dass, wie in Wörgl, das Horten mit einer Gebühr belegt wäre. Allein dadurch jedoch, dass solche Währungen **verhindern, dass Geld aus der Region abfließt**, wirken sie sich belebend auf die Wirtschaft aus.

Viele dieser Währungen bestehen nicht aus Geld, wie wir es uns gewöhnlich vorstellen. Ein Beispiel dafür ist das japanische **Fureai-Kippu-System**.[92] Hier handelt es sich um eine Währung nur für Pflegeleistungen. In diesem System erhalten jüngere Menschen, die ältere Menschen pflegen, vom Staat eine Stundengutschrift. Mit dieser können sie sich, wenn sie später selbst pflegebedürftig sind, ihrerseits pflegen lassen. Dabei ist der Preis immer der gleiche: Eine Stunde ist eine Stunde – ein völlig inflationssicheres Geld. Dabei hat sich interessanterweise gezeigt, dass sich pflegebedürftige Japaner mittlerweile lieber für einen der freiwilligen «Stundenkräfte» entscheiden als für professionelle Dienstleister, da Erstere eine größere Motivation mitbringen.

Dieses System ist ein Beispiel dafür, wie menschliche Ressourcen ohne herkömmliches Geld mobilisiert werden können.

Ein wunderbares Beispiel für eine Komplementärwährung findet sich auch in der brasilianischen Millionenstadt Curitiba. Curitiba galt lange Zeit als die einzige Millionenstadt in Brasilien, die einen westlichen Lebensstandard aufwies. Ungewöhnliches schien hier vorzugehen: Zwischen 1975 und 1995 wuchs das Bruttosozialprodukt pro Kopf in Curitiba um 75 Prozent schneller als im ganzen Land!

Bei einer Suche nach den Ursachen dieses Erfolgs stellte sich Folgendes heraus: Da die Stadt im Müll zu ersticken gedroht hatte, war von der Stadtverwaltung beschlossen worden, jedem, der Müll sammelte und zu einem Container brachte, einen Busfahrschein zu schenken. Auf diese Weise gelangten also Busfahrscheine in Umlauf – mehr, als gebraucht wurden. Aber das war egal. Da man einen Wert hinter ihnen sah, wurden sie wie Geld als Tauschmittel benutzt. Sie wurden zu einer zinslosen, regionalen Ersatzwährung und kurbelten dadurch die regionale Wirtschaft an.[93]

Im Idealfall sollte Geld jedoch eine Umlaufsicherung in Form einer Hortungsgebühr haben. In Deutschland gibt es derzeit über 60 Regionalgeldinitiativen, die Geld («Gutscheine») ausgeben, auf das man solch eine Hortungsgebühr zahlt. Das erfolgreichste Regionalgeld darunter ist der **«Chiemgauer» in Prien.** Und er funktioniert so:

Wer mitmachen möchte, tauscht seine Euros einfach Eins zu Eins in «Chiemgauer» ein und gibt es in den Geschäften, die den «Chiemgauer» akzeptieren, aus. In jedem Quartal muss ein Chiemgauer-Schein mit einer Marke im Wert von zwei Prozent des Nennwertes beklebt werden, damit er seine Gültigkeit behält. Dadurch bleibt das Geld im Umlauf. Am Ende des Quartals sammeln sich die Scheine vor allem bei den Gewerbetreibenden an, die dann die Umlaufgebühr zahlen. Ihr Vorteil liegt jedoch darin, dass sie durch den schnelleren Geldumlauf und dadurch, dass das Geld in der Region verbleibt, insgesamt einen höheren Gewinn machen. Auch bargeldlose Bezahlung über eine „Regiocard" ist möglich. Die Einnahmen aus der

Umlaufgebühr gehen an gemeinnützige Vereine in der Region. Die Geschäfte nun können mit den eingenommenen «Chiemgauern» entweder bei anderen Geschäften einkaufen, ihre Mitarbeiter teilweise in Chiemgauer auszahlen (wenn diese möchten) oder sie wieder gegen Euros umtauschen – allerdings gegen fünf Prozent Umtauschgebühr.

Systeme wie der «Chiemgauer», die eins zu eins an den Euro gebunden sind, sind leider nicht krisensicher. Wenn der Euro abwertet, wird auch ein Chiemgauer abwerten. Tauschkreise sind diesbezüglich im Vorteil.

Die voran gegangenen Beispiele zeigen uns, dass wir lernen müssen, in Kreisläufen zu denken. Wenn wir Geld ausgeben, sehen wir für gewöhnlich immer den Verlust. Aber je mehr Geld insgesamt ausgegeben wird, desto reicher ist die Gesamtheit. Oft heißt es, eine bestimmte Investition hätte «Milliarden verschlungen» oder an der Börse sei «Geld vernichtet» worden; als ob das Geld auf einmal weg wäre. Doch selbst wenn Geld ungerechterweise eingenommen wird – wird es sofort wieder ausgegeben, ist es für die Gesamtheit auch sofort wieder vorhanden und von Nutzen.

Die Gestaltung der Umlaufsicherung

Welche Modelle für zinsfreies Geld sind auch auf nationaler Ebene denkbar?

Einmal wäre das **Klebemarkensystem** wie in Wörgl und beim Chiemgauer vorstellbar. Dies würde eine kontinuierliche und voraussehbare Gebühr durch das Aufkleben von Marken beinhalten. Das System wäre damit kaum manipulierbar und durch jedermann kontrollierbar.

Weiterhin wäre das **Umtauschsystem** der Brakteatenzeit im Mittelalter denkbar. Das würde bedeuten, dass Geld zu einem bekannten oder unbekannten Termin komplett kostenpflichtig ausgetauscht wird. Allein die Aussicht auf den Umtausch würde das Geld im Umlauf halten.

Eine Abwandlung davon wäre ein sogenanntes Dreiseriengeld. Um nicht immer die gesamte Notengeldmenge austauschen zu müssen, werden hier alle Geldscheine zu gleichen Teilen in drei verschiedenen Farben ausgegeben. Per Los wird dann irgendwann eine Farbe ausgewählt, welche gebührenpflichtig umgetauscht werden muss. Verhindert werden müsste, dass die Verlosung manipuliert werden könnte, so dass bestimmte Farben gezielt ausgewählt werden, um das andere Geld zur Spekulation zu verwenden.

Als Nachteil dieser Systeme gilt der Aufwand für den Geldaustausch. Dieses Argument gilt allerdings nur für den persönlichen Aufwand. Was die öffentliche Hand betrifft, muss gesagt werden, dass auch heute die Geldscheine laufend ausgetauscht werden: Fünf- und Zehn-Euro-Scheine werden zum Beispiel durchschnittlich nach bereits sechs Monaten aus dem Verkehr gezogen.[94] Außerdem bestehen nur noch neun Prozent der Geldmenge aus Bargeld.

Bei unbarem, elektronischem Geld ist die Durchführung einer Umlaufgebühr einfach. Hier wird die **Gebühr einfach per Computer abgebucht.**[95]

Die hier vorgestellten Beispiele sind nicht erschöpfend. Denkbar sind noch vielfältige andere Möglichkeiten, wie umlaufgesichertes Geld gestaltet werden kann.

Während der Zins ein privater Gewinn ist, wäre eine allgemeine Geldumlaufgebühr **eine Einnahme des Staates,** die über die öffentlichen Ausgaben wieder in Umlauf gelangt und die anderen Steuern dementsprechend verringert. Für die Allgemeinheit spielt es deshalb keine Rolle, ob diese Gebühr hoch oder niedrig ist. Praktisch gesehen verliert oder gewinnt dabei niemand, abgesehen von denen, welchen bisher durch die Zinsen ein Gewinn zufiel.

Betont werden muss, dass eine Hortungsgebühr wie im Mittelalter, in Wörgl oder beim «Chiemgauer» **keine Inflation bedeutet.** Zwar wird mir Geld entzogen, wenn ich es zu lange behalte. Doch das Geld selbst behält seine Kaufkraft; ich bekomme für eine bestimmte Summe Geld die gleiche Ware wie vorher, es findet durch das System keine Teuerung statt. Das Geld, das einem als Hortungsgebühr, oder auch Umlaufgebühr genannt, abgezogen wird, ist außerdem ja nicht verschwunden, es ist im Wirtschaftskreislauf zum Wohle der Allgemeinheit weiterhin vorhanden. Weder eine Geldvermehrung noch -verringerung findet also statt, so dass Preisstabilität gewährleistet ist.

Sparen im Freigeldsystem

Einerseits ist es, wie bereits dargelegt, für einen Wirtschaftskreislauf problematisch, wenn zu viel gespart wird. Andererseits bedeutet Sparen auch Potenzialbildung, denn größere private Anschaffungen können meistens nur mit angesparten Geldern getätigt werden. Generell muss es die Möglichkeit geben, Ansprüche auf Leistung, also Geld, in die Zukunft mitzunehmen. Deshalb ist die Wertaufbewahrungsfunktion des Geldes wichtig und auch in einem Freigeldsystem gegeben.

Das Sparen funktioniert in einem Freigeldsystem vom Prinzip her so: Man gibt das Geld, das man sparen will, auf ein Banksparbuch. Dort behält es seinen Wert. Dagegen muss man die Umlaufgebühr bezahlen, wenn man das Geld bei sich behält. **Dass das Geld auf der Bank nicht entwertet wird, ist dann der «Zins».**

Aber dieser Zins besteht nicht in einer Vermehrung, sondern nur in einer Erhaltung des Geldes. Somit gibt es auch keine Möglichkeit, durch Zinsen vermehrtes Geld wieder anzulegen, es gibt also auch keinen Zinseszins.

Diese Banksparbücher müssen sich freilich von Girokonten unterscheiden, auf welchen das Geld jederzeit verfügbar und auch einer Umlaufgebühr unterworfen ist. Die Sparbücher müssen gewisse Laufzeiten haben, nach denen man das Geld erst abheben darf. Sonst würde alles Geld immer sofort auf die Sparbücher gelegt werden. Voraussetzung dafür ist die Einführung eines Vollgeldsystems (siehe das Kapitel über die Vollgeldreform). Denn Giralgeld kann nur dann einer Umlaufgebühr unterworfen werden, wenn es staatliches Geld ist.

Durch die gesparten Gelder sammelt sich also auch in einem Freigeldsystem bei den Banken Geld. Dieses können die Banken nun als Kredit vergeben.[96] Auch die Möglichkeit zur Kreditaufnahme ist für größere Vorhaben schließlich unbedingt notwendig. Die Kreditnehmer zahlen dafür einen Kreditzins, der allerdings gering ist, weil damit nur die Verwaltung der Bank und eine Risikoprämie bezahlt wird.

Zur **moralischen Beurteilung des Zinses** kann als Einschub Folgendes gesagt werden:

Gegenseitigkeit ist eine Grundregel des Zwischenmenschlichen. Von einem Tausch sollte nicht nur eine Seite, sondern sollten beide Seiten profitieren, besonders wenn Regelmäßigkeit im Spiel ist. Gerade bei Menschen, die sich fremd sind, kann nicht von vorn herein erwartet werden, dass der eine dem anderen ohne Gegenleistung, also Bezahlung, hilft. Und genauso ist es beim Zinsnehmen.

Wenn jemand sein Geld verleiht, dann erweist er dem Beliehenen einen Dienst. Da ist es nur angemessen, dass der Verleiher dafür einen Ausgleich erhält, so dass Gegenseitigkeit hergestellt wird. Allerdings ist die Voraussetzung für eine gerechte Zinsnahme, dass es keinen Zinseszins gibt, das verliehene Einkommen also tatsächlich nur aus Leistung entstanden ist. Außerdem darf bei der Geldschöpfung noch kein Zins aufgeschlagen werden.

Was ist, wenn die Menschen zu Lasten der Wirtschaft zu viel sparen, um der Umlaufgebühr zu entgehen? Um dies zu verhindern, muss es noch eine Verfeinerung des Systems geben, in dem es nur Zinsen, aber keine Zinseszinsen gibt. Diese sieht folgendermaßen aus:[97]

Auch die Gelder auf Sparbüchern sind der Umlaufgebühr unterworfen und verlieren kontinuierlich an Wert; und zwar um circa fünf Prozent im Jahr, so dass nach 20 Jahren das gesamte Geld auf einem Sparbuch verschwunden wäre.

Auf der anderen Seite aber werden diese Gelder auf den Sparbüchern für Produktionskredite verliehen. Diese werfen nun Zinsen ab, die ebenfalls auf das Sparbuch gezahlt werden. Zum einen verliert damit das Sparbuch an Wert, zum anderen werden aber Zinsen darauf gezahlt. Das Sparbuch setzt sich also zu jedem Zeitpunkt zusammen aus dem abgezinsten Rest und aus der hinzugekommenen Aufzinsung.

Nun ist es aber so, dass den Sparbuchbesitzern kein fester Zins zusteht. Was an Zinsen auf das Sparbuch gezahlt wird, ist vielmehr von der Produktivität der Wirtschaft und dem Gesamtkreditbedarf abhängig: Wenn die Nachfrage nach Krediten aufgrund hoher Produktivität hoch ist, sind auch die Zinserträge hoch. Damit ist der Wert des Sparbuchs abhängig vom Zustand der Gesamtwirtschaft. Dabei sind fünf Prozent Zinsen das Maximum, was an Zinsen auf das Sparbuch gezahlt wird.

Denn wäre die Aufzinsung höher als die Abzinsung, würde sich der Wert des gesparten Geldes absolut vermehren, wodurch auch Zinseszinsen entstehen könnten.

Im Falle eines Gleichgewichts zwischen angesparten Geldern und in der Wirtschaft benötigten Geldern, würde der Sparer immer gleich viel Guthaben besitzen: Fünf Prozent des Sparguthabens würden jährlich abgezinst werden, fünf Prozent würden gleichzeitig aber wieder aufgezinst werden.

Durch die abgezinsten Gelder fließen jährlich fünf Prozent der Spargelder in den Wirtschaftskreislauf zurück, ohne dass dem Sparer dabei ein Leid geschieht. Diese frei werdenden Gelder können zum Beispiel als zinsloser Kredit jenem Bereich zur Verfügung gestellt werden, der nicht unmittelbar produktiv wirkt: Dem Bildungs- und Kulturleben, sozialen oder wissenschaftlichen Einrichtungen.

Wenn es der Wirtschaft schlechter geht und weniger als fünf Prozent Zinsen auf die Sparbücher gezahlt werden können, entwertet sich auch das Sparbuch. Wenn die Entwertung des Geldes auf den Sparbüchern geringer ist als die Entwertung des umlaufenden Geldes durch die Umlaufgebühr, dann würde sich das Sparen immer noch lohnen. Aber je mehr das Sparbuch an Wert verliert, desto weniger wird insgesamt gespart. Die Gelder, sie sonst gespart werden würden, werden stattdessen ausgegeben. Damit beleben aber diese ausgegebenen Gelder wiederum die Wirtschaft, wodurch wieder mehr Kredite nachgefragt werden und mehr Zinsen auf das Sparbuch erwirtschaftet werden, die auch das Sparen wieder lohnender machen.

Das Geniale an diesem System ist, dass hier **nie zu Lasten der Wirtschaft zu viel gespart** wird. Es wird immer ein Ausgleich zwischen den gesparten Geldern und den in der Wirtschaft benötigten Geldern geschaffen.

Erzeugt ein zinsloses Geldsystem Kapitalflucht?

Manche glauben, dass eine Kapitalflucht aus der Währung eines Staates einsetzen würde, wenn dieser Staat eine Umlaufgebühr auf Geld einführen würde. Dabei würden Anleger das Geld massenweise in andere Währungen tauschen, auf die sie weiterhin Zinsen erhalten, und damit die heimische Wirtschaft ruinieren. Bei genauerer Betrachtung jedoch erweist sich dieses Szenario als realitätsfern. **Flucht aus einer Währung ist nämlich eigentlich gar nicht möglich.**

Wenn jemand seine Euros zum Beispiel in Schweizer Franken wechseln will, dann geht das nur, wenn er jemanden findet, der die Euros seinerseits in der Eurozone ausgeben will oder jemand anderem gibt, der dies irgendwann tut. Sie fließen also wieder zurück.

Wenn viele Menschen ihre Euros in andere Währungen tauschen wollen, verändert sich lediglich der Wechselkurs: Weil das Angebot an Euros groß ist, sinkt er im Wert gegenüber anderen Währungen, was den Export der Eurozone ankurbelt. Das macht es aber für Eurobesitzer zunehmend teuer, in andere Währungen zu tauschen und so wird die Nachfrage nach anderen Währungen auch entsprechend zurückgehen.

Eine Umlaufsicherung des Geldes würde aber durch die Beschleunigung des Geldumlaufs die Produktivität so massiv ankurbeln, dass davon Investoren angezogen werden würden. Schon von daher kann nicht von Kapitalflucht die Rede sein.

Eine offene Frage wäre: Inwieweit würden sich Spekulanten bei fehlendem Zins nach anderen Geldvermehrungsmöglichkeiten umsehen? Hierzu könnten Spekulationen mit Sachvermögen aller Art zählen, die Vermögenszuwächse und folglich soziale Ungleichheiten mit sich bringen könnten. Diese Möglichkeit müsste eventuell durch Gesetze verhindert werden.

Was tun gegen Spekulationen?

Spekulationen, welche die Allgemeinheit schädigen, müssen **durch Gesetze verboten** werden. Trotz vieler Versprechungen sind solche Gesetze immer noch nicht verabschiedet worden.

Generell müssen Umsätze, die auf den Finanzmärkten erzielt werden, besteuert werden. Jeder Händler und Dienstleister, der einen Umsatz macht, muss normalerweise eine Umsatzsteuer bezahlen. Nur die Händler an den Finanzmärkten sind bislang davon ausgenommen. Also gerade da, wo astronomische Summen bewegt und gigantische Gewinne erzielt werden, wird keine Umsatzsteuer bezahlt, weil die Branche seit Jahren erbittert Widerstand dagegen leistet.[98]

Darüber hinaus muss verhindert werden, dass durch Wechselkursspekulationen ganze Volkswirtschaften ausgebeutet werden. Das kann durch eine **Transaktionssteuer** geschehen, die auf jeden Umtausch von einer Währung in eine andere ab einem gewissen Betrag erhoben wird.[99] Diese Steuer muss so hoch sein, dass sie kurzfristige Gewinnmöglichkeiten übersteigt und das Ausnützen von kurzfristigen Wechselkursschwankungen nicht mehr lohnend macht.

Es ist nicht wahr, dass eine solche Transaktionssteuer nur mit Beteiligung aller Markt- und Börsenplätze in der Welt realisierbar wäre, wie oft behauptet wird. Es würde reichen, wenn sich die großen Industrienationen in der Sache einig sind und ihren Banken untersagen, Finanzgeschäfte mit denjenigen Staaten zu tätigen, die eine solche Steuer nicht einführen. Dann würden die restlichen Länder von selbst nachziehen. Gleiches gilt für die Steuerflucht. Wenn die Staaten, die Steuerflüchtigen Unterschlupf gewähren, von den Industrienationen isoliert würden, würden sie ihre Finanzpolitik ebenfalls ändern.

Warum Regionalwährungen?

Sinnvoll ist, dass es neben der nationalen, überregionalen Währung auch eigene Währungen für einzelne Regionen gibt. Denn nur **so können regionale Wirtschaftskreisläufe entstehen beziehungsweise sich erhalten.**

Gibt es nur überregionales, für alle Regionen geltendes Geld, fließt das Geld schnell aus schwachen Regionen in einzelne Boomregionen ab. Es fließt dadurch ab, dass die Menschen ihr Geld auf überregionale Banken legen und bei billigen, überregionalen Großanbietern in der Stadt einkaufen.

Dadurch wird das Gewerbe in der Region geschwächt; die Region verliert ihre Selbstversorgungsfähigkeit, wird von außen abhängig; eine Konzentration von immer weniger überregionalen Anbietern kommt für die Versorgung der Bevölkerung auf, mit immer mehr Fernverkehr. Dadurch konzentriert sich auch der Reichtum sowie die Kontrolle über die Lebensmittel und die übrige Versorgung auf nur wenige Anbieter.

In einem Gebiet mit Regionalwährungen würde man für regionale Geschäfte die Regionalwährung und für überregionale Geschäfte die nationale Währung verwenden.

Wenn eine Regionalwährung mit einer Umlaufgebühr belegt ist, so dass sie beim Horten ihren Wert verliert, die überregionale Währung aber nicht, dann muss es eine Umtauschgebühr geben: Wer also eine Regionalwährung zum Beispiel in Euros tauschen will, muss auf diesen Umtausch zum Beispiel eine fünfprozentige Gebühr bezahlen. Dadurch wird verhindert, dass Menschen ihre Regionalwährung laufend in Euro eintauschen, um sich der Umlaufgebühr zu entziehen.

Der Idealfall ist, dass alle Währungen, überregionale wie regionale, eine Umlaufsicherung in Form einer Hortungsgebühr haben. Dann muss es zwischen all diesen Währungen einen freien Wechselkurs[100] geben: Erstens einen Wechselkurs zwischen der jeweiligen Regionalwährung und der nationalen Währung, zweitens zwischen den Regionalwährungen untereinander.

Freie Wechselkurse sind wichtig, denn sie bewirken, dass wirtschaftlich schwache Regionen, die meistens auch eine schwache Währung haben, durch verstärkte Exporte wieder auf die Beine kommen: Dadurch, dass die Waren für Käufer mit stärkerer Währung in einer schwachen Region billig sind, wird die schwache Währung von außerhalb stark nachgefragt. Damit wird die Wirtschaft in dieser Region wieder belebt und der Wert ihrer Währung steigt wieder – der Wert einer Währung richtet sich ja auch nach Angebot und Nachfrage.

Bei Regionen mit starker Währung ist es umgekehrt. Hier bewirken freie Wechselkurse, dass die Region nicht zu lange einseitig mehr importiert als exportiert. Indem diese Region nämlich mit ihrer starken Währung viel in billigeren Währungsregionen kauft, bietet sie ihre Währung oft zum Umtausch an, womit ihr Wert wieder sinkt.

Freie Wechselkurse sind also ein Ventil, durch das unterschiedliche Wirtschaftsentwicklungen verschiedener Regionen ausgeglichen werden. Fasst man dagegen unterschiedliche Wirtschaftsregionen unter einer Währung zusammen, wird diese für eine Region zu stark sein, für eine andere zu schwach.

Die regionalen Wirtschaftskreisläufe sind vielerorts schon so zerstört, dass hier nur noch zwei, drei überregionale Supermärkte den Bedarf dieser Region an bestimmten Gütern decken. Ein Kreislauf ist in solchen Fällen genau genommen gar nicht mehr vorhanden: Geld wird in der Stadt verdient und bei Konzernfilialen ausgegeben, die wiederum ihre Einnahmen hauptsächlich nicht in der Region ausgeben. Erwerbsstellen sind in solchen Regionen nur noch rar und Regionalgeld hat es hier natürlich schwer.

Parallel zur Einführung einer Regionalwährung **könnten jedoch viele Kleinunternehmer starten**, die durch die belebende Wirkung von Regionalgeld auf die Region wieder eine Zukunft hätten. Insbesondere wenn Geld dadurch entsteht, dass sich die Menschen zinslose Leistungskredite gewähren (siehe das Kapitel «wir alle können Geld schöpfen!»), könnte ein Kreislauf mit vielen Kleinunternehmern ganz neu starten.

Wenn schwache Regionen durch umlaufgesichertes Geld und/oder Regionalwährungen einmal wieder auf die Beine gekommen sind, ist eine eigene Währung für sie auch nicht mehr unbedingt notwendig.

Die Reform der Geldschöpfung

Die Vollgeldreform

In unserem heutigen Geldsystem wird der Fokus auf die Fälschungssicherheit von Bargeld gelegt. Die Überprüfung der Echtheit von Giralgeld wird vernachlässigt. Das Vertrauen in die Banken wird überstrapaziert. Sie werden auf einen seriösen Sockel gehoben, wo sie nicht hingehören. Die dort tätigen Menschen sind genauso anfällig für Betrugshandlungen, wie der Durchschnitt der Bevölkerung auch.

Hort Seiffert in «Geldschöpfung»

Parallel zur Einführung einer Umlaufgebühr auf das Geld muss es eine Reform der Geldschöpfungsordnung geben, damit die Giralgeldschöpfung der Banken beendet wird. Hierzu ist ein Übergang zu einem sogenannten Vollgeld notwendig.[101] In einem Vollgeldsystem können Banken nur noch Geld verleihen, das von der staatlichen Zentralbank geschöpft wurde. Sie können **Geld nur noch weiterreichen und nicht mehr selbst schöpfen.**

Vollgeld heißt, dass die gesamte Geldmenge den Status von staatlichem Zentralbankgeld hat, also *vollwertiges* Geld ist. Bislang hat im Nichtbankenbereich nur Bargeld diesen Status. Im Zuge einer Vollgeldreform würde auch das Giralgeld in diesen Status umgewandelt werden.

Die Statusänderung des Giralgeldes ist wichtig, weil dieses im heutigen System rechtlich gar kein vollwertiges gesetzliches Zahlungsmittel darstellt. Die Guthaben bei einer Bank sind rechtlich nichts weiter als ein Versprechen der Bank, diese Guthaben auf Wunsch in Bargeld einzulösen. Dieser nicht vollwertige gesetzliche Status des Giralgeldes führt dazu, dass private Banken zu Geldschöpfern werden können.

Bei einer Umwandlung des Giralgeldes in vollwertiges Zentralbankgeld würden die Girokonten der Kunden aus der Bankbilanz genommen werden und von den Banken nur noch treuhänderisch im Auftrag der Kunden verwaltet werden – ein unkomplizierter Rechtsakt. Dadurch könnten die Banken nicht mehr selber Geld schöpfen, und das Geld auf den Girokonten befände sich im sicheren Eigentum der Kunden. Es könnte somit auch bei einer Schieflage oder Pleite der Bank nicht verloren gehen; anders als heute, wo das Geld auf «unseren» Konten rechtlich der Bank gehört.[102]

In einem Vollgeldsystem müssen alle Kreditvergaben, Wertpapierkäufe und sonstige Käufe der Banken vollständig mit staatlichem Zentralbankgeld finanziert sein – eigentlich eine Selbstverständlichkeit.

Nur noch die Zentralbank als öffentliche Institution darf Geld, bares wie unbares, frei «aus dem Nichts» schöpfen. Sie muss, vergleichbar mit den Gerichten, auf der Grundlage eines gesetzlichen Mandats tätig sein, rechenschaftspflichtig gegenüber der Regierung, dem Parlament und der Öffentlichkeit. Sie darf jedoch keinen Weisungen unterliegen und ist in diesem Sinne unabhängig gegenüber der Regierung ebenso wie gegenüber dem Bankensektor und den Finanzinteressen. Damit ist die Zentralbank eine souveräne Staatsgewalt neben Exekutive, Legislative und Judikative, von Reformisten «Monetative» genannt.[103]

Eine solche Zentralbank schöpft also Geld aus dem Nichts, und dieses vergibt sie nun **an die Regierung als zinslosen, unbefristeten Kredit.**[104] Dabei geht es nicht darum, dass der Kredit irgendwann vielleicht einmal getilgt wird, es ist gleichsam ein Dauerkredit. Es geht darum, mit diesem Geld fortlaufend das Tauschmittel für die Gesamtwirtschaft in der benötigten Höhe zur Verfügung zu stellen.

Die Währungs- und Geldsouveränität des Staates würde damit wieder hergestellt werden. Es wäre ein ähnlicher Akt wie im 19. Jahrhundert, als die Geldscheine privater Banken, die einige Jahrzehnte vorherrschend gewesen waren, für ungesetzlich erklärt wurden und durch die Einführung eines Banknotenmonopols des Staates abgeschafft wurden – eine aus heutiger Sicht einleuchtende Reform. Eine Vollgeldreform wäre analog dazu, nur auf Giralgeld bezogen.

Viele Ökonomen haben Probleme damit anzuerkennen, dass die Geldschöpfung ein staatliches Hoheitsrecht von Verfassungsrang darstellt. Sie glauben, dass Geldschöpfung durch den Staat zu einer Geldschwemme oder Geldknappheit führen würde. Doch warum sollte die Geldschöpfung in privater Hand, die nur dem Eigeninteresse der Banken dient, besser sein?

Der Markt wisse am besten, wie viel Geld gebraucht wird, was eine Behörde von oben niemals ermitteln könne, heißt es. Das klingt theoretisch zwar einleuchtend. Aber schauen wir uns an, wie es heute ist. Heute treiben die Banken durch ihre Kreditvergabe Konjunktur- und Finanzzyklen in gefährliche Extreme: Sie vergeben in Boomzeiten zu viele Kredite, überhitzen damit die Konjunktur und erzeugen Blasen. In schlechteren Zeiten halten sie sich mit Krediten zurück, während gerade hier Geld zur Ankurbelung der Wirtschaft benötigt werden würde. Darüber hinaus erzeugen sie auf Kosten der Allgemeinheit ungedecktes Geld zu ihrem eigenen Verbrauch.

Damit die Zentralbank die Geldmenge in einer Höhe herausgeben kann, wie es der Wirtschaft entspricht, muss sie die Entwicklung des Bruttoinlandsprodukts, von Preisen und Zinsen beobachten und danach die Höhe der Geldausgabe ausrichten. Solange die Wirtschaft wächst, muss die Geldmenge fortlaufend mitwachsen. Wenn die Wirtschaft nicht mehr wächst, darf auch die Geldmenge nicht mehr erhöht werden. Sollte die Wirtschaft irgendwann einmal längerfristig schrumpfen und es daher nötig sein, dem Kreislauf Geld zu entziehen, so wird die entsprechende, überflüssige Geldmenge aus den laufenden Steuereinnahmen abgezweigt,[105] an die Zentralbank zurückgeführt und **damit der Vollgeld-Dauerkredit getilgt**. Ähnlich wie bei den heutigen (sehr hohen) laufenden staatlichen Zins- und Tilgungszahlungen.

Im Unterschied zum jetzigen verzinslichen Schuldengeld begründet eine Vollgeldordnung also nicht per se einen Wachstumszwang.

Alles in allem wird es sich normalerweise nie um große Summen handeln, die zur Geldmengenanpassung in die Wirtschaft geleitet werden müssen, weil die Wirtschaft selbst normalerweise keinen plötzlichen Aufschwung oder Niedergang hervorbringt. Solche extremen Rhythmusschwankungen entstehen erst durch unser heutiges Geldsystem.

Die Regierung würde das neue Geld, das sie kostenlos von der Zentralbank erhalten hat, für all jene Zwecke ausgeben, die öffentlich bezahlt werden, zum Beispiel für Erziehung und Bildung, Forschung, Infrastruktur, usw. Bei einem sanften Übergang zu einer neuen Geldordnung, bei dem es keinen vorangehenden Schuldenschnitt gegeben hat, würde der Staat das Geld auch für Verzinsung und Tilgung der Staatsschuld verwenden. Auch eine Pro-Kopf-Zuteilung des neuen Geldes, das die Zentralbank ausgibt, wäre möglich: Jeder Bürger bekäme die gleiche Summe in Form eines Grundeinkommens. Ebenso könnte man das Geld teilweise produktiven Unternehmen als Investitionsmittel zur Verfügung stellen, wie noch im Kapitel «Reform des Eigentums an Unternehmen» dargestellt werden wird.

So kommt das Geld also zinslos in Umlauf und wird von seinen Empfängern weiterverwendet für laufende Ausgaben sowie für Ersparnisse und Investitionen. Dadurch kommt das neue Geld auch schnell zu den Banken, die damit nun ganz normal wirtschaften und es verleihen können, nur ohne eigene Giralgeldschöpfung. Es gäbe einen einheitlichen Geldkreislauf und nicht wie heute einen Kreislauf, der gesplittet ist in Giralgeld und Zentralbankgeld.

Worum es sich hier handelt, ist keine Verstaatlichung des Bankensektors oder eine Zentralisierung der Bankengeschäfte unter dem Dach der Zentralbank. Es handelt sich nur darum, dass der vollständige Bestand des Geldes staatliches Geld ist, womit eine Trennung zwischen Geldschöpfung und Kreditwirtschaft hergestellt wird; anders als heute, wo Geld und Kredit meist dasselbe ist. Für eine geldpolitische Feinsteuerung könnte die Zentralbank weiterhin wie heute Kredite an Banken vergeben, was aber auf einen geringen Anteil beschränkt bleiben sollte, da nicht bereits die Geldschöpfung zinsbelastet sein sollte.

Dass das Geld für die öffentlichen Ausgaben einfach aus dem Nichts geschöpft wird, mag erst einmal nach fantastischem Wunschdenken klingen, nach einem Füllhorn, das in Realität zu Inflation führen würde. Doch woher hat heute der Marktsektor seine Finanzmittel? Sie werden ebenfalls aus dem Nichts geschöpft und der Produktion vorgeschossen. Das heißt, schon heute läuft die Notenpresse permanent, nämlich die digitale Giralgeld-«Notenpresse», und das Geld wird auch (wenn überhaupt) erst im Nachhinein durch die Produktion gedeckt. Und diese Form der Finanzierung wird in der Öffentlichkeit ebenso als wichtiges Investitionsmittel gutgeheißen. Dass dieser Vorgang jedoch statt durch private Banken durch die öffentliche Seite stattfinden soll, ist eigentlich nur naheliegend. So folgt auch die heutige Vorgehensweise keiner ökonomischen Logik, sondern ist vielmehr eine Folge historisch entstandener Machtverhältnisse.

Heute dient das Geld, das in großen Unternehmen erwirtschaftet wird, zuallererst der Renditemaximierung der privaten Investoren. Erst nachrangig erreicht es die Arbeitenden und ihre Familien – sofern es überhaupt der Realwirtschaft zufließt. Erst am Ende der Kette erreicht das Geld den öffentlichen Sektor und das wiederum hauptsächlich durch Besteuerung der Arbeit. Noch ärmer sind diejenigen dran, die ihrerseits ihr Geld vom Staat erhalten. Der Staat ist in diesem System getrennt von «seinem» Geld, das doch ein gesetzliches, öffentliches Zahlungsmittel sein soll. Er ist immer der Kostgänger der Wirtschaft, ist vom Markt abhängig.

In einem Staat, der sich vom Marktsektor ernährt, entsteht die absurde Situation, dass die Bereitstellung öffentlicher Güter und Dienstleistungen abhängt vom Auto-, Computer- und Telefonverkauf. Es entsteht die Situation, dass ein solcher Staat ein Interesse daran hat, eine Wirtschaft der Selbstversorgung und Ressourcenschonung zu unterdrücken, um den Markt mit möglichst hohen Umsätzen am Laufen zu halten. So steckt ein solcher Staat eher Milliardengelder in Produktionssubventionen als etwa in Maßnahmen zur Verkehrsberuhigung, denn diese ruft längerfristig kein Wachstum hervor.[106] Gibt der Staat dagegen über die «Monetative» das öffentliche Tauschmittel Geld selbst aus, wäre er **nicht mehr abhängig vom Markt** und könnte die Wirtschaft rein nach ihrer Sinnhaftigkeit fördern.

Durch die Umstellung auf ein Vollgeldsystem könnte auch **erst eine Geldhortungsgebühr wirksam werden**, die den Umlauf des Geldes sicher stellen soll. Denn erst wenn auch das Giralgeld staatliches Geld ist, kann ebenfalls eine Gebühr darauf erhoben werden.

Für manche Autoren ist die Umstellung auf ein Vollgeldsystem alleine ausreichend, um den Umlauf des Geldes zu sichern.[107] Eine allgemeine Umlaufsicherung durch ein Schwundgeld sei also nicht nötig. Die Idee dahinter ist: Dadurch, dass das Geld jederzeit frei geschöpft werden kann, ist es möglich, Geldknappheit einfach durch vermehrte Geldschöpfung seitens der Zentralbank auszugleichen. Ist irgendwann zu viel Geld in Umlauf, kann die Geldmenge rasch wieder reduziert werden, indem der Staat einen Teil der eingenommen Steuern an die Zentralbank abführt.

Ob diese Vorgehensweise alleine tatsächlich ausreicht, um einen angemessenen Geldkreislauf aufrecht zu erhalten, oder ob sie eher zu ständigen Schwankungen der Geldmenge führen würde, soll hier als offene Frage stehen bleiben. Fest steht jedoch, dass allein durch ein Vollgeldsystem nicht der Effekt des Zinseszinses aufgehoben werden würde. Dafür müsste zusätzlich ein Verbot von Habenzinsen eingeführt werden.

Geldschöpfung in ihrer natürlichsten Form

Geldschöpfung braucht aber nicht nur von der staatlichen Ebene auszugehen. Auch den Bürgern ist es möglich, Tauschmittel zu erzeugen. Wie kann man generell ein akzeptiertes, gedecktes Tauschmittel in Umlauf bringen?

Stellen wir uns zum Beispiel vor, eine Gruppe Schiffbrüchiger strandet auf einer unbewohnten Insel. Die Schiffbrüchigen haben alles, was eine Gemeinschaft materiell gesehen braucht: Nahrung, Rohstoffe und Menschen mit wertvollen Begabungen. Nur Geld gibt es nicht. Ein Problem? Nein, denn theoretisch können sich Menschen Geld ganz einfach selbst kreieren, ohne auf Rohstoffe wie Gold oder Silber zurückzugreifen. Und das geht so:

Wenn Anna dem Otto die Haare schneidet und Otto kein Geld hat, um Anna zu bezahlen, dann kann er eine Bestätigung schreiben, auf welcher sinngemäß geschrieben steht: «Ich bestätige hiermit, dass mir Anna die Haare geschnitten hat; bei Vorlage dieses Scheines leiste ich dafür eine Gegenleistung im gleichen Wert. Unterschrift Otto».

Nichts anders ist im ursprünglichen Sinne Geld: Es ist erstens eine Bestätigung für eine erhaltene Leistung, und zweitens ein Anspruchsschein (aus der Sicht Ottos ein Schuldschein) für eine zukünftige Leistung. Es ist nur anonymisiert.

Mit diesem Schein könnte Anna irgendwann zu Otto gehen und eine Gegenleistung von gleichem Wert verlangen. Der konkrete Wert des Scheins könnte zum Beispiel durch die geleistete Arbeitszeit festgelegt werden. Anna könnte damit aber auch zum Bäcker gehen und ein Brot kaufen, wenn der Bäcker das Vertrauen hat, dass er den Schein seinerseits bei Otto einlösen kann. Der Schein kann also auch noch weiter wandern und zwar schlichtweg so weit und so lange, wie Menschen das Vertrauen haben, dass man den Schein bei Otto einlösen kann. Wenn er dann eingelöst wird, hat er seine Gültigkeit verloren und wird aus dem Verkehr gezogen.

Wenn Geld auf diese Weise, immer parallel zu den Tauschvorgängen als persönlicher Kredit, entsteht und bei Einlösung des Kredits wieder vernichtet wird, ist die Geldmenge immer annähernd optimal. Voraussetzung ist, dass die Gegenleistungen, also die Kreditabzahlungen, und damit nachträglichen Gelddeckungen, im Durchschnitt nicht zu lange auf sich warten lassen.

Das Beispiel von Anna und Otto zeigt uns die natürlichste Form der Geldentstehung. Wir sehen daran, dass es **ganz natürlich ist, wenn Geld bei seiner Schöpfung noch nicht gedeckt ist** und die vollständige Deckung erst nachträglich erfolgt.

So liegt auch bei der heutigen Geldschöpfung das Problem nicht prinzipiell darin, dass das Geld aus dem Nichts entsteht. Sofern es sich um Produktionskredite handelt, wird ja das Geld bei Schuldenrückzahlung im Nachhinein gedeckt. Das Problem an der heutigen Geldentstehung ist, dass fast jeder neu entstehende Geldbetrag mit Zinsen belastet ist und dass es der unkontrollierte private Bankensektor ist, der den Großteil des Geldes schöpft.

Wenn wir diese Probleme einmal unbeachtet lassen, dann können wir sagen: Solange es sich um Produktionskredite handelt, ist die heutige Form der Geldschöpfung vom Prinzip her genauso praktikabel wie die Geldschöpfung im Falle von Anna und Otto. Der Unterschied liegt nur in der Reihenfolge der Aktionen (zur Veranschaulichung gehen wir von einem Wirtschaftskreislauf von nur zwei Leuten aus):

Erster Fall (Geldschöpfung ohne Bank):

Leistung => Geldschöpfung => Gegenleistung => Geldvernichtung.

Zweiter Fall (Geldschöpfung durch eine Bank):

Geldschöpfung => Leistung => Gegenleistung => Geldvernichtung.

Im zweiten Fall ist das Geld bei seiner Schöpfung noch keine Leistungsbestätigung, sondern ein reiner Anrechtsschein auf Leistung, die in der Zukunft vollbracht wird.

Bei der Bargeldschöpfung durch private Leistungsbestätigungen muss zweierlei sichergestellt sein: Zum einen, dass solche Scheine nicht gefälscht werden, zum anderen, dass bei Vorlage eines ungefälschten Scheines tatsächlich eine Gegenleistung erbracht wird. Und diese Sicherstellung ist nur in einem kleineren Kreis möglich, in dem sich die Menschen gegenseitig vertrauen. In größeren Systemen muss Geld außerdem selbstverständlich auch anonymisiert funktionieren können.

Wo aber in kleineren Wirtschaftskreisläufen das erwähnte notwendige Vertrauen vorhanden ist, ist dieses Geldschöpfungsprinzip in variablen Formen zusätzlich zum staatlichen Geld praktizierbar. In fast allen asiatischen Ländern zum Beispiel wird das Anschreibesystem, also die private Kreditgewährung, in kleinen Sippen auf dem Land als eine Art Volkswährung praktiziert.

Wir können selbst Geld schöpfen!

Wir haben keinen Mangel an Waren, Ressourcen und Fähigkeiten, wir haben einen Mangel an Geld.

Auch wenn die heutige Lösung nicht genau in einem solchen System liegt, wie es Anna und Otto in unserem Beispiel praktizierten, ist es von Bedeutung, diese natürlichste Form der Geldschöpfung zu kennen. Sie zeigt uns die Möglichkeit auf, dass wir selbst aktiv werden können und unabhängig von Banken unser eigenes Geld schöpfen können; sie zeigt, dass es eigentlich absurd ist, dass ganze Regionen voller begabter Menschen, die so viel zu tauschen hätten, wirtschaftlich still stehen, nur weil das offizielle Zahlungsmittel fehlt.

Heute ist es besonders in ländlichen Gebieten schwierig, einen Geldkreislauf aufrecht zu erhalten. Sobald nämlich jemand aus einer wirtschaftlich schwachen Region sein Geld auf eine überregionale Bank legt, verschwindet dieses Geld aus der Region. Und neue Kreditgelder fließen dann dorthin, wo Zinsen erbracht werden können, wo es also Wachstumsmärkte gibt, und diese gibt es meistens in der Stadt.

Dabei **könnten sich Menschen einfach Geld aus dem Nichts erschaffen**, indem sie sich zinslose Leistungskredite gewähren.

Viele sogenannte Tauschkreise oder Tauschringe praktizieren bereits ein Leistungsverrechnungssystem nach diesem Prinzip: Wenn man für jemand anderen eine Leistung erbringt, bekommt man mit dessen Unterschrift ein Guthaben in ein Büchlein geschrieben, sozusagen frisch geschöpftes Geld. Mit diesem kann man wiederum andere Mitglieder des Systems für Leistungen bezahlen. Die Person dagegen, die erst einmal die Leistung eines anderen in Anspruch nimmt, bevor sie selbst etwas leistet, hat in ihrem Kontobüchlein zunächst Schulden. Diese gleicht sie durch eine gleichwertige Leistung für irgend ein Mitglied des Systems aus. Regelungen müssen natürlich dafür sorgen, dass das Konto nicht zu weit überzogen werden kann.

In Deutschland gibt es weit über 300 Tauschkreise, die auf diese Weise Leistungen und Produkte tauschen.

Charakteristisch für die meisten Tauschkreise ist, dass alle geleistete Arbeit als gleichwertig gilt und nur mit der aufgewendeten Zeit verrechnet wird. Eine Stunde Rasenmähen ist also zum Beispiel genauso viel wert wie eine Stunde Nachhilfeunterricht. Diese Regelung ist natürlich nur für sehr eingeschränkte Wirtschaftskreisläufe und insbesondere für einfache Dienstleistungen geeignet.

Jedoch kann das System von Tauschkreisen erweitert werden: Indem unterschiedliche Preise möglich sind und die Buchungen elektronisch gehandhabt werden. Elektronische Buchungen haben den Vorteil, dass sich Käufer und Verkäufer nicht persönlich treffen müssen, um sich die Buchung gegenseitig mit Unterschrift zu bestätigen, dass die Buchungen schneller, leichter und fehlerfreier verrechnet werden und schließlich, dass sie fälschungssicherer sind.[108]

Systeme, in welchen Dienstleistungen und Produkte bargeldlos getauscht und verrechnet werden, nennt man Barter-Systeme. Das weltweit größte Barter-System ist der schweizer WIR-Ring mit etwa 60000 Mitgliedern. 20 Prozent der kleineren und mittleren Unternehmen in der Schweiz sind hierin Mitglied. Der Umsatz betrug im Jahr 2002 immerhin 1,69 Milliarden WIR (gleich Schweizer Franken).[109]

Wenn ein Barter-System im großen Stil angewandt wird, ist es ratsam, eine Umlaufsicherung einzuführen, was bei elektronischen Systemen leicht durchzuführen ist.

Private Geldschöpfung jenseits von Tauschkreisen

Es ist auch jenseits eines Tauschkreises möglich, Geld zu schöpfen. Denn Geld kann auch einfach dadurch in Umlauf kommen, dass die Geschäfte Gutscheine für ihre Waren ausgeben. Auf diese Gutscheine können sie dann ihre Werbung drucken. Wenn heute Kaufhäuser **Gutscheine oder Payback-**

Punkte ausgeben, geben sie im Prinzip auch ein Geld heraus. Wenn dies aber mehrere Geschäfte einer Region einheitlich tun und ihre Gutscheine untereinander akzeptieren, kann ein regionaler Geldkreislauf geschaffen werden, der den Geschäften insgesamt zu Mehreinnahmen verhilft. Gedeckt ist dieses Geld schlicht durch die Waren, welche die Geschäfte bereit sind, dafür herzugeben.

Wenn solch ein Geld zusätzlich so konzipiert wird, dass es eine Umlaufgebühr hat, entsteht ein Geld, das nicht gehortet wird, sondern im Umlauf bleibt: Freigeld. Das Regionalgeld «Rheingold» funktioniert zum Beispiel erfolgreich nach diesem Prinzip.[110] Gedruckt wird es auf Papier, das nicht eingerissen werden kann, zusätzlich zu anderen Sicherheitsmerkmalen, die Fälschungssicherheit gewährleisten.

Während sich etwa ein Bäcker normalerweise wünscht, dass sein Konkurrent um die Ecke untergehen möge, ist es beim Rheingold etwas anders. Da hat ein Bäcker vielleicht gerade einen zusätzlichen Umsatz mit einem Rheingold-Schein gemacht, schaut auf den Schein und sieht, wer ihn herausgegeben hat: Sein Konkurrent um die Ecke. Dieser hat ihm also durch Herausgabe seiner Gutscheine zu Umsatz verholfen und steht außerdem für seine eigenen Gutscheine gerade. Dadurch wird der Konkurrenzmechanismus zwar nicht aufgehoben, aber es entsteht zusätzlich ein Kreislauf mit einem bewussten, umsatzfördernden Zusammenspiel.

Wenn Geld auf eine solche oder andere Weise selbst geschöpft wird, darf es gegenwärtig vom Gesetz her nicht in Euro eintauschbar sein. Dies ist bei selbst kreierten Geldgutscheinen nur möglich, wenn sie eins zu eins mit Euros hinterlegt sind.

Ist Gold eine Lösung?

Der Wert des Geldes besteht in seiner Kaufkraft, somit besteht die Wertdeckung des Geldes in dem, was es für Geld zu kaufen gibt, im realen Wirtschaftsprodukt. [...] Geldanlagen per se sind nicht rentabel, nur reale Produktivität macht Geldanlagen rentabel.

Prof. Joseph Huber, Wirtschaftswissenschaftler

Viele Menschen denken, das Problem unseres Geldsystems sei, dass wir ein Papiergeld haben, das nicht durch Gold gedeckt ist. Sie meinen, das Papiergeld sei eigentlich nichts wert, und dass es ein Betrug sei, Papier zu Geld zu erklären, weil es nicht gedeckt sei.

Doch wodurch ist Gold gedeckt? Durch Vertrauen, heißt es landläufig; dadurch, dass die Menschen seit jeher Vertrauen in den Wert des knappen Goldes haben, akzeptieren sie es als Tauschmittel. Doch das Vertrauen ist nicht selbst die Deckung des Goldes, es bewirkt die Deckung. Das, was ich mir für das Gold kaufen kann, ist seine Deckung. Geld jeglicher Art hat immer so viel Wert, wie ich dafür kaufen kann.

Somit sind Leistung und Gegenleistung der eigentliche Wert, der hinter Geld steht, die eigentliche Deckung. Darauf kommt es bei der Gelddeckung an und nicht darauf, ob das Geld aus Gold, Papier oder elektronisch verzeichneten Guthaben besteht.

Haben wir heute das Problem, dass irgend jemand das gesetzliche Zahlungsmittel Euro mangels Vertrauen nicht annimmt? Nein. Ein Problem entsteht erst dann, wenn zu viel oder zu wenig Geld im Umlauf ist.

Da sich Papiergeld und Giralgeld schnell vermehren lässt, besteht in der Tat die Gefahr, dass zu viel davon in Umlauf gebracht und dadurch entwertet wird – ein Argument, das immer wieder gegen Papiergeld und für Gold angeführt wird. Jedoch kann dies kein Argument gegen Papiergeld an sich sein; aus mehreren Gründen.

Ob Inflationen auftreten, **hängt davon ab, wie gut die Geldmengensteuerung kontrolliert wird**, nicht davon, aus welchem «Material» das Geld besteht. Die Geldmengensteuerung ist dann optimal, wenn sie unabhängig von der Regierung ist und öffentlich-rechtlich kontrolliert wird – und dies ist eine lösbare, politische Frage.

Dass wir in den vergangenen Jahren eine ständige Inflation hatten, hängt mit unserem Geldsystem zusammen. Zum einen mit der Möglichkeit der Giralgeldschöpfung, von der die Banken ausgiebig Gebrauch machen. Zum anderen damit, dass unser System als Ausgleich zu den gesparten Geldern generell eine immer höhere Geldmengenausweitung und damit Verschuldung erfordert. Wenn die Wirtschaft nicht mitwächst, bleibt diese Geldmengenausweitung ungedeckt.

Bei Beibehaltung unseres jetzigen Systems könnte auch eine Golddeckung diesen Zwang zur Geldmengenausweitung nicht verhindern **und schützt somit nicht vor Staatsverschuldung.** Diese stieg auch zur Zeit des Goldstandards ins Unermessliche.[111] Und wenn bei einer hundertprozentigen Golddeckung eine solche Geldmengenausweitung nur begrenzt möglich ist, so gibt es auf die Dauer entsprechende Schwierigkeiten durch Deflation.

Generell ist es so, dass **nur Papiergeld und elektronisches Geld immer in genau der Menge geschöpft werden können**, wie es die Wirtschaft braucht. Die Menge von Gold dagegen ist vom Vorkommen, von der Fördermenge und schließlich von der wirtschaftlichen Ausgangsposition eines Staates im internationalen Vergleich abhängig.

Gegen Ende des 19. Jahrhunderts zum Beispiel, als es in weiten Teilen der Welt eine Golddeckung gab, wurden immer weniger Goldfunde gemacht. Das führte dazu, dass die Goldbestände nicht mehr ausreichten, um eine expandierende Weltwirtschaft zu versorgen, es herrschte Geldknappheit. Die Geldmenge darf aber nicht von solchen Umständen abhängig sein, sie muss sich immer an die Leistungen anpassen können. Und das ist nur mit Papier- und Münzgeld oder elektronischem Geld möglich, welches jederzeit parallel zu den Tauschvorgängen geschaffen werden kann.

Geldknappheit droht in einem Goldgeldsystem aber noch aus anderen Gründen ganz akut. Gerade deshalb, weil die Menschen glauben, Gold habe einen objektiven Wert und weil es sich beliebig lange hörten lässt, möchten sie es nicht ausgeben. Somit ist Goldgeld das schlimmste Zinsgeld: Niemand will es ohne «Belohnung», also zinsfrei verleihen! Dadurch tendieren Goldgeldsysteme stets dazu, dass **zu wenig Geld im Umlauf ist**, mit all den Folgen, die hier schon behandelt wurden.

Im Gegensatz dazu lässt sich Papiergeld und elektronisches Geld durch eine Umlaufsicherung so gestalten, dass es freiwillig und zinsfrei weitergegeben wird.

Alle auf Gold basierenden Währungen hatten das Problem, dass das Geld zu stark gehortet wurde. England hatte im 19. Jahrhundert einen hundertprozentigen Goldstandard eingeführt. Das bedeutete, dass man alle umlaufenden Banknoten und Münzen bei der Zentralbank in Gold einlösen lassen konnte, (in Deutschland und Frankreich bestand nur eine partielle Golddeckung). England war Weltmacht und so hatten sich viele Staaten dem goldgedeckten Pfund angeschlossen oder selbst eine goldgedeckte Währung eingeführt. So gab es zu dieser Zeit insgesamt massive Geldumlaufprobleme, mit fataler Wirkung. Es ist sogar so, dass das Massenelend im neuzeitlichen Europa zur Zeit des Goldstandards am größten war. Es war die Zeit der Kinderarbeit, der 16-Stunden-Arbeitstage, der niedrigen Löhne, des Hungers und der Massenverwahrlosung, obwohl die Industrialisierung den Wohlstand für alle hätte erhöhen können.

Hinzu kommt, dass sich die Geldmenge in einem Goldgeldsystem **immer entgegen der wirtschaftlichen Entwicklung verhält**: Boomt die Wirtschaft, wird mehr Gold für Schmuck gekauft. Durch diese steigende Nachfrage nach Gold, steigt der Goldwert und damit die Goldhortung. Die Folge: Die Geldmenge verringert sich. Dabei müsste die Geldmenge bei Wirtschaftswachstum ja eigentlich steigen. Bei einer schwachen Wirtschaft ist es im Goldsystem genau umgekehrt.

Die Probleme bei der Golddeckung beginnen schon damit, dass die meisten Länder keine ausreichenden oder überhaupt keine Goldbestände besitzen. Jede Gelddeckung durch Rohstoffe wird einen **Kampf um diese Rohstoffe hervorrufen.** Die Länder, die dabei leer ausgehen, müssen sich für die Einführung eines Metallstandards das Gold und Silber von den wenigen großen Gold- und Silberbesitzern der Welt leihen und zwar zu deren Bedingungen und entsprechend hohen Zinsen.

Teil III:
Lösungen für das Wirtschaftssystem

Reform der Marktwirtschaft

Gerechtigkeit durch kollektiven Egoismus?

Der heutige Marktfundamentalismus ist eine wesentlich größere Bedrohung für die offene Gesellschaft als jede totalitäre Ideologie.

George Soros, ungarisch-amerikanischer Multimilliardär

Während das Zinssystem mit seinem exponentiellen Geldvermehrungseffekt mittlerweile von vielen kritisiert wird, wird die freie Marktwirtschaft meistens als die beste aller Wirtschaftsformen anerkannt. Sie besagt zunächst: Was produziert und konsumiert wird, soll von keiner Behörde von oben herab geplant und dirigiert, sondern durch die freie Entscheidung der einzelnen Individuen gesteuert werden. Dies ist einleuchtend.

Doch in der Marktwirtschaft ist diese Regel mit einer bestimmten Grundannahme verbunden, die auf Adam Smith zurück geht. Es ist die Annahme: Wenn jeder in Freiheit seinen größtmöglichen eigenen Vorteil zu verwirklichen sucht, dann stellt sich wie durch eine «unsichtbare Hand» der größtmögliche Nutzen für die Allgemeinheit ein. Die Erklärung dafür erscheint ebenfalls zunächst einleuchtend, dass nämlich der Egoismus den Einzelnen dazu motiviert, mehr zu leisten und kreativer zu sein, woraus in einer arbeitsteiligen Gesellschaft auch die Allgemeinheit einen Vorteil ziehe.

Das scheint eine geniale Lösung zu sein: Niemand braucht sein egoistisches Verhalten zu ändern oder sich Vorwürfe darüber zu machen, niemand muss sich um Gerechtigkeit bemühen. Das Zusammenprallen der Egoismen aller sorgt schon von alleine dafür, dass der Egoismus von keinem Einzelnen überborden und gemeinschaftsschädlich wirken kann. Mehr noch, es sorgt für den größtmöglichen Wohlstand.

So möchte der Unternehmer aus Eigennutz möglichst billig produzieren und möglichst teuer verkaufen. Da jedoch die Verbraucher bei seiner Konkurrenz einkaufen, sobald hier die Produkte billiger angeboten werden, ist er gezwungen, von seinem Gewinn etwas abzugeben und zu einem gerechten Preis zu verkaufen. Der gerechte Preis ist in der freien Marktwirtschaft derjenige, der sich durch das Wechselspiel von Angebot und Nachfrage auf dem freien Markt von alleine ergibt.

Verteilungsgerechtigkeit wird demnach nicht durch ein bewusstes Wollen erreicht, sondern nur dadurch, dass die Einzelnen ihre egoistischen Einzelinteressen verfolgen. Sie wird insbesondere nicht durch gemeinsame Absprache erreicht, sondern durch ein unabgesprochenes, anonymes Aufeinandertreffen der einzelnen Aktivitäten.

Egoismus und Konkurrenzstreben werden dadurch im Bereich der Ökonomie zu einer Tugend, gewissermaßen sogar zur sozialen Pflicht.[112] Denn wer mit den anderen Wirtschaftsteilnehmern nicht im Zustand der Konkurrenz verbleibt, sondern mit ihnen kooperiert und sein Handeln mit ihnen abspricht, zerstört das Gleichgewicht der Egoismen und verzerrt den Wettbewerb zum Schaden der Allgemeinheit, so die marktwirtschaftliche Sichtweise. Unser Kartellrecht verbietet deshalb Preisabsprachen sowie monopolschaffende Zusammenschlüsse zwischen Unternehmen – und das aus gutem Grund.

Heißt das aber, dass Kooperation und Brüderlichkeit nur noch im nichtökonomischen, privaten Lebensbereich gefordert sind? Sind wir im Wirtschaftsleben generell zur Konkurrenz verdammt? Die Überzeugung, dass der Egoismus das alleinige Ordnungsprinzip der Ökonomie sei und größtmöglicher Wettbewerb größtmöglichen Wohlstand schaffe, ist jedenfalls zu einer scheinbar unumstößlichen Ideologie westlicher Gesellschaften geworden.

Was die Marktwirtschaft verneint, ist die Möglichkeit, dass der Mensch nicht allein durch Egoismus, sondern auch durch Einsicht in das Gute zum Handeln angetrieben wird. Damit entlässt die Marktwirtschaft die Menschen aus der Pflicht zur sozialen Gerechtigkeit und verurteilt sie geradezu zum Egoismus. Dann ist derjenige, der billig einkaufen und zu Wucherpreisen verkaufen kann, nicht etwa ungerecht, sondern vielmehr «erfolgreich».

Wenn ein einzelner Mitarbeiter eines Unternehmens dieses Prinzip für sich anwenden würde, würde das heißen, dass er mit einem Minimum an Einsatz ein Maximum an Gehalt zu erlangen versuchte. In diesem Fall würde sich großer Protest erheben, mit dem Hinweis, dass er damit das Unternehmen schädigt; und der Ausschluss aus der sozialen Gemeinschaft würde ihm drohen.

Dass in einem Unternehmen, also in einer kleinen Produktionsgemeinschaft, zusammengearbeitet werden muss, sehen wir ein. Diese Kooperation, die wir im kleinen Organismus, im persönlichen Nahbereich, als selbstverständlich ansehen, will die Marktwirtschaft nun im großen Organismus durch Konkurrenz ersetzen. Kann aber eine Gemeinschaft funktionieren, wenn sie auf das Prinzip der egoistischen Vorteilsnahme aufgebaut ist? Kann es Gerechtigkeit ohne gerechtes Verhalten geben?

Es lässt sich jedenfalls beobachten, dass der anonyme Marktmechanismus **von alleine kaum zu Gerechtigkeit führt.** Im Gegenteil, der völlig freie Markt führt langfristig zu Monopolen, die die Konkurrenz ausschalten und das Gefälle zwischen Arm und Reich immer größer werden lassen. Er ist eine Machtwirtschaft. Das zeigt sich etwa darin, dass mittlerweile lediglich 147 Konzerne die Weltwirtschaft kontrollieren.[113] So muss der Staat eingreifen und die schädlichen Auswirkungen dieser Art des Wirtschaftens fortlaufend durch Umverteilung korrigieren. Doch das macht die Marktwirtschaft als solche nicht zu einer «sozialen Marktwirtschaft».

Der Grund ist die Preisbildung: Wenn der Preis allein durch Angebot und Nachfrage zustande kommt, ist der Preis mehr der Ausdruck von Machtverhältnissen, die sich in der Kaufkraft ausdrücken, als von realen Bedürfnissen und gesellschaftlichen Wertschätzungen. Das zeigt sich in all jenen Bereichen, in denen Bedürftigkeit und Abhängigkeit besteht. Die Betreuung von Kindern oder älteren Menschen etwa könnte über den reinen Markt insgesamt keinen gerechten Preis, also Lohn, erzielen, weil hier im Durchschnitt zu wenig Kaufkraft vorhanden ist, um diese zu bezahlen – weshalb sie der Staat bezuschussen muss. Die Verwaltung von Hedge Fonds dagegen erzielt unermessliche Preise. Und das, obwohl erstere Arbeit ungemein wertvoll ist, die zweite aber negative gesellschaftliche Folgen nach sich zieht.

Durch Armut und durch die heutige Arbeitsmarktsituation sinken die Löhne, der Preis für die Arbeit, in fast allen Bereichen auf ein zu niedriges Niveau.

Doch die Preisbildung führt in der Marktwirtschaft nicht nur zu Ungerechtigkeiten, sondern auch zu Ineffektivität. Denn die Marktwirtschaft glaubt an die Anonymität des Marktes. Doch Anonymität auf dem Markt bedeutet, dass sowohl Produzenten als auch Abnehmer keinerlei Wissen über die Bedürfnisse der potenziellen Handelspartner haben. Dann kann es folgendermaßen ablaufen:

Ein Butterproduzent produziert ins Blaue hinein ein Angebot an Butter, ohne zu wissen, wie hoch die Nachfrage danach ist. Er geht damit zu einem Markt und richtet sich mit seinen Preisen nach den anderen Anbietern für Butter: Er verkauft sie ein wenig billiger als der billigste Anbieter. Nehmen wir weiter an, der Butterproduzent stellt gegen Ende des Tages fest, dass sie dennoch bis abends nicht abverkauft werden wird. Um sie noch los zu bekommen, senkt er ihren Preis nun drastisch und erst jetzt wird sie abverkauft.

In diesem Butterpreis haben Angebot und Nachfrage nun also zueinander gefunden und die Marktwirtschaftstheorie würde diesen Preis als den angemessenen bezeichnen. Aber das ändert nichts daran, dass der Butterproduzent zu viel Butter produziert hat und unter Verlust verkaufen musste.

In der Marktwirtschaft können Angebot und Nachfrage stets erst nachträglich durch den Preis zur Deckung gebracht werden, nämlich erst dann, wenn die Produktion schon stattgefunden hat. Die Produktion kann sich erst einmal gar nicht nach der Nachfrage richten, weil der Produzent aufgrund der Anonymität des Marktes ja noch nicht weiß, ob und wie viele Käufer er findet. **Der Preis ist also immer zu spät dran.** Allein die Tatsache, dass er durch Angebot und Nachfrage zustande kommt, verhindert nicht, dass Angebot und Nachfrage immer wieder aufs Neue in einem Missverhältnis stehen. Und dies deshalb, weil nicht miteinander kooperiert wird.

Der anonyme Marktmechanismus ist überdies noch aus einem anderen Grund nicht die effektivste Lösung: In Studien wurde über Jahrzehnte immer wieder herausgefunden, dass **Menschen in Kooperation effektiver arbeiten** als in Konkurrenz:

Von 369 ausgewerteten Studien, die in der Sozialpsychologie, Spieltheorie und Neurobiologie zu diesem Thema durchgeführt wurden, kam eine erstaunliche Mehrheit von 87 Prozent zu dem Ergebnis, dass Menschen in Kooperation effektiver arbeiten als im Wettbewerb.[114] Wettbewerb erwies sich in allen Bereichen und allen Altersgruppen als hinderlich für eine effektive und qualitative Leistung; je komplexer eine Aufgabe ist, die gelöst werden muss, desto hinderlicher.

Es gibt auch eine Erklärung dafür: Eine von außen kommende Motivation, wie sie beim Wettbewerb gegeben ist, untergräbt die von innen kommende Motivation, also das Interesse und die Freude an der Tätigkeit selbst, und beeinflusst damit die Leistung langfristig negativ. Christian Felber schreibt: «Wollten redliche Ökonomen die Marktwirtschaft tatsächlich auf der effizientesten Methode aufbauen, die wir kennen, dann müssten sie sie auf strukturelle Kooperation aufbauen.»[115]

Kooperation statt Konkurrenz

Die Probleme, die es in der Welt gibt, sind nicht mit der gleichen Denkweise zu lösen, die sie erzeugt hat.

Albert Einstein, 1929 angesichts der Weltwirtschaftskrise

Kooperation in der Wirtschaft ist nur da nicht angebracht, wo es sich um Kooperation im Sinne eines Kartells handelt. Hier beenden oder beschränken zwei Unternehmen ihre Konkurrenz untereinander, um damit die übrige Konkurrenz auszuschalten und auf dem Rücken der Verbraucher ein Monopol erlangen zu können. Das Handeln vom Konkurrenzgesichtspunkt aus ist hier also nicht überwunden, die Kooperation dient nur als ein weiteres Mittel des Kampfes.

Bei Kartellen handelt es sich um *horizontale Kooperation*, das heißt um Absprachen zwischen Anbietern der gleichen Produkte. Theoretisch könnten zwar horizontale Kooperationen in der Wirtschaft auch zugunsten der Allgemeinheit stattfinden. Praktisch gesehen ist dies jedoch sehr unwahrscheinlich. Denn warum und auf welche Weise sollten zwei Anbieter der gleichen Produkte zugunsten der anderen Wirtschaftsteilnehmer miteinander kooperieren, wenn eben diese anderen Wirtschaftsteilnehmer an der Kooperation gar nicht beteiligt sind?

Anders ist es bei der *vertikalen Kooperation*. Hier handelt es sich um eine **Kooperation zwischen Produzenten, Verarbeitern, Händlern und Verbrauchern.** Sie findet zum Vorteil aller Beteiligten statt, ohne gegen einen Konkurrenten gerichtet zu sein. Eigentlich ist dies kein spektakulärer Gedanke. Die Verständigung zwischen demjenigen, der einer Sache bedarf und demjenigen, der sie herstellt oder liefert, ist eigentlich selbstverständlich.

Nehmen wir zum Beispiel an, ein Bäcker braucht für sein Gebäck regelmäßig eine bestimmte Menge Butter. Da liegt es nahe, dass er zu einem Butterproduzenten in der Umgebung geht und mit ihm einen Liefer- und Abnahmevertrag schließt. Der Butterproduzent muss dann nicht mehr blind drauf los produzieren, ohne zu wissen, ob und wie viele Käufer er findet. Er hat einen regelmäßigen Abnehmer und dadurch Sicherheit in der zukünftigen Planung. Dafür kann er dem Bäcker einen günstigeren Preis gewähren. Der Bäcker seinerseits hat die Sicherheit, dass jede Woche die nötige Menge an Butter zu dem ausgehandelten günstigen Preis für ihn bereit liegt. Er hat nun nicht mehr das Risiko, dass irgendwann in seiner Umgebung die Butter knapp wird und er sie zu überhöhten Preisen kaufen muss; er muss nicht ständig Preise vergleichen und kann seine Ausgaben langfristig planen.

Wenn sich Bäcker und Butterproduzent bei all den Unsicherheiten des anonymen Wettbewerbs auf einen Liefer- und Abnahmevertrag einigen, ist dies, wie gesagt, nur naheliegend und nichts Neues. Nicht ohne Grund sind Preis- und Mengenabsprachen auf vertikaler Ebene in der Wirtschaft weit verbreitet. Neu ist der Gedanke, dass eine kooperative Wirtschaft die wettbewerbsorientierte Marktwirtschaft großenteils ersetzen kann[116] – zumindest im Bereich der Grundversorgung. Die Frage ist nur, ob dies gewollt wird, denn kooperatives Wirtschaften bedeutet eben gerade keine Anpassung an scheinbar objektiv richtige Marktgesetze, sondern bewusstes, gemeinsames Gestalten der Wirtschaft.

Bisher versteht die Volkswirtschaft unter vertikaler Kooperation nur eine Kooperation zwischen Unternehmen unterschiedlicher Produktionsstufen. In einer vollständigen wirtschaftlichen Kooperationsgemeinschaft müssen jedoch auch die Konsumenten eingebunden sein. Wenn, wie in unserem Beispiel, der Bäcker einen Liefer- und Abnahmevertrag mit dem Butterproduzenten schließt, muss er sich ohnehin an dem Kaufverhalten seiner Kunden orientieren. Er hat nur Vorteile, wenn er seinerseits von seinen Kunden konkrete, längerfristige Lieferaufträge bekommt. Die Kunden wiederum stellen damit sicher, dass sie genau das bekommen, was sie wollen, zum Beispiel hochwertiges Gebäck, das aus der Region kommt.

Kooperatives Wirtschaften ist also etwas, was in traditioneller, dörflicher Umgebung ganz selbstverständlich ist: Dass Produzenten, Händler und Verbraucher miteinander ins Gespräch kommen, sich über ihre Bedürfnisse und Leistungen austauschen und ihr wirtschaftliches Verhalten danach ausrichten.

Kooperationsgemeinschaften können nicht von oben verordnet werden, sie müssen von den Wirtschaftsteilnehmern aus freiem Impuls heraus gebildet werden.

Der Konkurrenzmechanismus könnte in einer Gesellschaft von lauter Kooperationsgemeinschaften deshalb weitgehend aufgehoben werden, weil ja die Produzenten auf vertraglicher Basis für ihre Abnehmer produzieren. Sollten die Verbraucher etwas anderes wünschen, setzen sie die Produzenten und Händler davon in Kenntnis und handeln eine neue Einigung aus.

Bei der Komplexität der heutigen Weltwirtschaft ist dieser Dialog natürlich schwierig und nur über gewählte Vertreter von Produzenten-, Händler- und Verbrauchervereinigungen möglich. Die Schwierigkeit der praktischen Umsetzung darf allerdings kein Argument gegen das Prinzip der Kooperation an sich sein, die nach und nach zusätzlich zum Wettbewerb eingeführt werden kann. Wenn zusätzlich Regionalwährungen eingeführt werden, würde außerdem der Welthandel zugunsten einer zunehmend regionalen Versorgung zurückgehen, was auch das kooperative Wirtschaften erleichtern würde.

Im Bereich des «Arbeitsmarktes» ist es meistens am sinnvollsten, die Preise, also die Löhne, nicht durch private Kooperationsgemeinschaften, sondern durch demokratische Prozesse zu gestalten. Dass die Preise in vielen Bereichen des Arbeitsmarktes nicht allein durch Angebot und Nachfrage festgelegt werden, ist für uns bereits selbstverständlich, da hier das Versagen des Marktes am offensichtlichsten ist. So fragt sich die Gesellschaft in demokratischen Debatten schon heute notwendigerweise: Was ist uns diese oder jene Arbeit wert? Finanzieren wir sie nur über den freien Arbeitsmarkt oder zumindest auf der Basis von Tarifverträgen, durch Versicherungen (wie bei der Pflegeversicherung) oder durch steuerliche Zuschüsse? Legen wir die Preise für bestimmte kulturelle Leistungen gesetzlich fest (ähnlich wie bei der Buchpreisbindung), oder fördern wir kulturelle und soziale Arbeit durch ein Grundeinkommen? Führen wir generell Mindestlöhne ein?

Diese Art der bewussten Wirtschaftsgestaltung über demokratische Prozesse ist in vielen Bereichen gefordert, bei öffentlichen Gütern sogar zwingend. Die Alternative ist, dass Machtverhältnisse beziehungsweise einzelne Privatinteressen diese Dinge regeln.

Kooperatives wie auch demokratisch gestaltetes Wirtschaften bedeutet keine künstliche Unterdrückung des Egoismus, sie widerspricht nicht dem Eigennutz. **Von Kooperation profitieren vielmehr alle**. Der wesentliche Unterschied zur anonymen Konkurrenzwirtschaft ist, dass nur durch Kooperation beziehungsweise durch demokratische Prozesse auch gemeinschaftsorientiertes, zielorientiertes Handeln möglich ist.

Selbst wenn in einer kooperativen Wirtschaft quantitativ weniger geleistet werden sollte als in der anonymen Marktwirtschaft, stellt sich die Frage, wieso überhaupt immer mehr geleistet werden sollte, wenn der Bedarf gedeckt ist. Die Argumentation für die Marktwirtschaft wird rein quantitativ geführt; doch das Gemeinwohl ist auch von der Art und Weise des Wirtschaftens, sowie von der Verteilung des Vermögens abhängig.

So sollte man den Erfolg eines Unternehmens auch nicht nach dessen Finanzgewinn definieren. Was für einzelne Unternehmen «erfolgreich» sein mag, hat oft soziale und ökologische Folgekosten, die für die Gesamtheit verheerend sind. Der Gewinn allein sagt also nichts darüber aus, wie sehr das Unternehmen der Gesellschaft nützlich ist, sondern nur, wie sehr es sich selbst nützt. Sinnvoller ist es deshalb, unternehmerischen Erfolg als **größtmöglichen Beitrag zum Gemeinwohl zu definieren** und demgemäß zu fördern.[117]

In diesem Sinne wäre ein System denkbar, in dem Unternehmen für ihren Beitrag zum Gemeinwohl belohnt werden. Denn nach dem gesunden Menschenverstand müsste es sich doch so verhalten: «Wer sich sozialer, ökologischer, demokratischer, solidarischer verhält, sollte es leichter haben als der Asoziale und Rücksichtslose! Er müsste – nach heutigem Verständnis – einen Wettbewerbsvorteil genießen.»[118] Demnach könnten Unternehmen Gemeinwohlpunkte erhalten, wenn sie zum Beispiel biologisch abbaubare Produkte herstellen, ihre Ausgangsprodukte aus ökologischer und regionaler Erzeugung beziehen, ihren Mitarbeitern Weiterbildung finanzieren, Wissen an andere Unternehmen weitergeben, usw.

Nun könnte man einwenden, dass es doch Aufgabe der Verbraucher ist, in vorbildlichen Unternehmen einzukaufen. Aber der einzelne Verbraucher kann sich nicht mit den anderen Verbrauchern absprechen. Das ist eben nur über eine gesellschaftliche, demokratische Entscheidung möglich, in der man aus Einsicht gemeinsam bestimmen kann: Wir alle fördern teurere aber gemeinwohlorientierte Standards, denn dies kommt uns langfristig *günstiger.*

Ökonomischer Erfolg könnte unter anderem auch definiert werden als Schaffung von größtmöglichem Arbeitseinkommen.[119] Denn nur ein Unternehmen, das angemessen hohe Einkommen auszahlt, wirtschaftet auch ökonomisch nachhaltig. Sinkende Löhne rufen schließlich eine sinkende Kaufkraft hervor. Damit beschneiden sich die Unternehmen ihre eigenen Märkte und müssen diese Kaufkraftlücke schließen, indem sie sich «neue Märkte» erobern. Nach einer Umdefinierung von ökonomischem Erfolg wären Löhne keine Kosten mehr, sondern eine Zielgröße. Dann wäre dasjenige Unternehmen erfolgreich, das so gut wirtschaftet, dass es sich hohe Löhne «leisten» kann, welche dann die gesamte Nachfrage stimulieren.

Je mehr Gemeinwohlpunkte ein Unternehmen ansammelt, desto mehr Vorteile könnte es dann in Anspruch nehmen, wie zum Beispiel einen niedrigeren Mehrwertsteuersatz, günstigere Kredite, Vorrang bei Auftragsvergaben, öffentliche Förderungen und Ähnliches.[120]

Der Autor Christian Felber hat dieses System, das er «Gemeinwohlökonomie» nannte und das mittlerweile auch in Fachkreisen die Runde gemacht hat, ausführlich ausgearbeitet. Dazu gehört auch eine demokratische Bank, deren Ziele und Leistungen über eine Volksabstimmung bestimmt werden und auf welche die Regierung und das Parlament keinen Zugriff haben;[121] sowie eine Reform des Eigentumsrechts an größeren Unternehmen. Näher soll hier nur auf die Notwendigkeit von Letzterem eingegangen werden.

Reform des Eigentums an Unternehmen

Unternehmen als Ware: Das heutige Privatbesitzrecht

Fänden Sie es «effizient», dass die Mitglieder des Fußballnationalteams von morgen die Söhne und Töchter der SpielerInnen von heute sind? Fänden Sie es «gerecht»?Das heutige Erbrecht funktioniert leider genau so.

Christian Felber, in «Gemeinwohlökonomie»

Reformbedürftig ist ebenfalls das Eigentumsrecht an Unternehmen. Wer eine Firma aufbaut, kauft oder vererbt bekommt, darf sie nach heutigem Recht privat besitzen. Gemäß dieses Rechts besteht eine Firma aus Kapitalanteilen, die besessen werden können, beliebig teilbar und handelbar sind. Wer über 50 Prozent solcher Anteile besitzt, besitzt die Firma – wie eine Sache – und kann mit ihr machen, was er will: Umgestalten, verkaufen, vernichten – ungeachtet dessen, dass daran Menschen und Arbeitswelten hängen.

Bereits der Gedanke daran, dass es anders gehandhabt werden könnte, erweckt bei vielen Menschen die Angst vor kommunistischen, die persönliche Freiheit einschränkenden Zuständen. Dabei gibt es beim Eigentumsrecht Lösungen, die weder privatrechtlich-kapitalistisch noch kommunistisch sind.

Indem sich Firmen heute über private Kapitalgeber finanzieren, die sich eine Rendite erhoffen, sind die Firmen zum einen zu Wachstum genötigt. Zum anderen fließt der Firmengewinn zu einem großen Teil aus dem Geldkreislauf ab, wo er eigentlich zum Kauf der produzierten Güter benötigt werden würde. Er fließt auf die Konten und Anlagedepots der «Geldvermehrer», die oft so viel haben, dass sie es größtenteils nicht ausgeben.

Aber auch wenn eine Firma noch dem tatsächlichen Firmengründer gehört, können die Interessen der Allgemeinheit verletzt werden. Natürlich ist der Aufbau einer Firma eng mit den individuellen Begabungen des Gründers verbunden und insofern seiner Persönlichkeit zuzuschreiben. Andererseits ist die Leistung, die eine Firma erbringt, gleichzeitig ein Ergebnis des sozialen Zusammenlebens. Der Firmengründer hätte sie nicht aufbauen können, ohne auf die Vorarbeit anderer Menschen zurückzugreifen und ohne von einem funktionierenden, arbeitsteiligen Gemeinschaftsleben abhängig zu sein. Auf jeden Fall ist er der Gemeinschaft etwas schuldig. Außerdem produziert ja eine Firma für die Gesamtheit. Das Recht über die Firma frei zu verfügen, kann also von den Interessen dieser Gesamtheit nicht getrennt werden.

Anders gesagt: Warum sollte es sich eine Gemeinschaft gefallen lassen, sich von einem Einzelnen oder einer Gruppe ausbeuten zu lassen? Das Wesen der Demokratie ist es gerade, dass die Gemeinschaft für solche Fälle Handlungsspielräume hat. Nicht umsonst heißt es im Grundgesetz «Eigentum verpflichtet». Das System des bedingungslosen Privatbesitzrechts an Firmen führt jedoch dazu, dass bei Missbrauch der Leitungsposition **niemand zur Rechenschaft gezogen werden kann.** Des Weiteren führt die freie Verkäuflichkeit von Firmen zu verbraucherschädlichen Monopolen; sowie zur **leistungslosen Abschöpfung von Werten durch die Kapitalgeber.**

Der Nichtbesitz – eine Lösung jenseits von Kapitalismus und Kommunismus

Für kleine Firmen könnte man das heutige Besitzrecht beibehalten. In dem Maße, wie sie größer werden, müssen sie reformiert werden. Eine Möglichkeit dafür ist, dass sie in einen Zustand des «Nichtbesitzes» überführt werden.[122]

«Nichtbesitz» bedeutet nicht, dass der Firmengründer die Firma in das Eigentum der Gemeinschaft geben muss. Wer wollte da noch eine Firma gründen? Der Firmengründer muss die Möglichkeit haben, die Firma zu leiten. Jedoch sollte die Gemeinschaft ebenso die **Möglichkeit haben, ihn von seinem Posten wieder zu entfernen**, falls er diesen zum Schaden der Gemeinschaft ausnützt. Denn das Interesse des Einzelnen darf nicht höher wiegen als das Interesse der Gesamtheit.

Dabei muss diese leitende Person oder Personengruppe die Firma so führen können, als wäre sie ihr Eigentum. Sie muss ihre Talente in voller Freiheit einsetzen können, ohne dass ihr jemand Vorschriften über die Art und Weise der Firmenleitung machen kann. Sie muss nicht jede eigenwillige Entscheidung rechtfertigen. Auch das Einkommen der leitenden Person oder Personen muss sich so gestalten, als wäre das Unternehmen ihr Eigentum. Eine Erhöhung der Produktion wird in diesem Sinne auch ein erhöhtes Einkommen für sie abwerfen.

Der Firmenleitung fehlt also in diesem System gegenüber dem heutigen System nichts außer, im positiven Sinne, die Sorge um den Besitz (zu ihrem eigenen Vorteil) und die Möglichkeit der Ausbeutung (zum Vorteil der Gemeinschaft).

Kommunismus und Kapitalismus werden meistens als Gegensätze betrachtet, als einzig mögliche Alternativen, zwischen denen die richtige auszuwählen ist. Doch das, was diese beiden Systeme gemeinsam haben, ist noch viel bedeutender als ihre Gegensätze: Sie bejahen beide das Eigentum an Produktionsmitteln. Ob das Eigentum nun ein privates oder kollektives ist, spielt keine so große Rolle, denn das Besitzen als solches ruft in beiden Systemen ähnliche Folgen hervor:[123]

Im Kapitalismus führt der Umfang des Privatbesitzrechts auf lange Sicht dazu, dass die Gleichheit und damit der soziale Frieden zerstört wird, was letztendlich auch die Wirtschaft in den Ruin treibt. Im Kommunismus führt das Kollektivbesitzrecht dazu, dass sich niemand mehr für die Produktionsmittel verantwortlich fühlt und die Freiheit so gravierend eingeschränkt wird, dass dadurch ebenfalls die Wirtschaft irgendwann in den Ruin getrieben wird.

Eine Alternative zum Besitzen ist also gefragt; und diese liegt in einer Umwandlung des Besitzrechts an (großen) Produktionsmitteln in ein reines Nutzungsrecht. Wir müssen uns bewusst machen, dass die soziale Wirkung, die vom Besitzrecht ausgeht, einzig und allein davon abhängt, wie der Besitz gebraucht wird. Anders gesagt: Besitz an sich hat für die Allgemeinheit keinen moralischen Wert; nur in der Art und Weise des *Gebrauchs* liegt der moralische Wert jedes Verfügungsrechts. Deshalb können wir kein Interesse am Besitzrecht als solchem haben, sondern nur daran, einen guten Gebrauch der Dinge sicherzustellen.

Das reine Nutzungsrecht an Produktionsmitteln unterscheidet sich vom Kommunismus in der völligen Freiheit des Gebrauchs; und vom Kapitalismus in der Möglichkeit, das Gebrauchsrecht wieder entzogen zu bekommen.

Wie im Detail die beste Möglichkeit aussieht, die Vergabe des Verfügungsrechts über Firmen zu regeln, braucht uns an dieser Stelle nicht zu beschäftigen. Wichtig ist, dass es keine Einzelperson, sondern ein Gremium ist, das die Nutzungsrechte vergibt und dass sich seine Mitglieder zusammensetzen aus Kennern des praktischen Wirtschaftslebens, des Unternehmens und Menschen, die die Fähigkeiten der in Frage kommenden Kandidaten kennen und beurteilen können.

Natürlich kann es mal passieren, dass eine ungeeignete Person oder Personengruppe an eine Firmenspitze gelangt. Doch das ist nicht so schlimm: Es kann ihr das Verfügungsrecht ja auch jederzeit wieder entzogen werden – eine Möglichkeit, die es heute nicht gibt.

Eine andere Möglichkeit ist, dass Firmen in den Besitz einer Interessengemeinschaft überführt werden. Die Möglichkeit, von externer Seite eine schlechte Firmenleitung abzusetzen, dürfte dann nicht mehr notwendig sein, wenn zusätzlich Gemeinwohlstandards gesetzlich festgelegt sind.

Eine Firma kann entweder in die **Gemeinschaft der Mitarbeiter** überführt werden. Anhand zahlloser Studien konnte herausgefunden werden: «Wenn eine Firma durch größere Mitbestimmung zu einer Gemeinschaft verwandelt wird, steigt auch die Produktivität.»[124]

Oder eine Firma wird formell **von denjenigen Bürgern besessen, die von dieser Firma versorgt werden.** Dies ist sinnvoll bei essenziellen Wirtschaftszweigen. Im kalifornischen Sacramento wird zum Beispiel das Vorstandsgremium des Energieunternehmens Smud, das 1,5 Millionen Menschen mit Strom versorgt, direktdemokratisch gewählt. Dieses muss sich deshalb nach der Bevölkerung richten, die formell Eigentümerin ist. Das Ergebnis: Smud steht in Sachen Umweltschutz und hochwertigem Service konstant an der Spitze der USA.

In der brasilianischen Millionenstadt Porto Allegre wird die städtische Trinkwasserversorgung unter Mitsprache der Bevölkerung geführt. Ebenfalls mit sensationellen Ergebnissen.[125]

Die Unternehmensfinanzierung

Wie sieht es mit der Finanzierung von Unternehmen aus?

Heute eignen sich die Kapitalgeber mit ihrem Geld einen Anteil an der Firma an (beim Aktienkauf), oder «erkaufen» sich durch Kreditvergabe das Recht zur Renditeabschöpfung der Firma.

Doch es darf nicht möglich sein, dass Firmenanteile beziehungsweise das Recht auf Renditeabschöpfung mit Geld erkauft werden können. Sonst dient die Wirtschaft primär dem Zweck der Renditemaximierung privater «Investoren». Nur solche Personen dürfen ein Einkommen aus den Firmenerträgen haben, **die in der Firma auch mitarbeiten.** Unternehmen in der Rechtsform Aktiengesellschaft würde es dadurch nicht mehr geben.[126]

Wie kommen Unternehmen aber dann an Investitionskapital? Jede Produktion braucht schließlich finanzielle Vorschüsse.

Die Finanzmittel für Unternehmen können von den privaten Sparern kommen, sofern es sich, wie weiter oben beschrieben, um ein Geldsystem handelt, in dem die Sparer keine Zinseszinsen erhalten. Es könnte aber auch **durch die Zentralbank zur Verfügung gestellt** werden, die im Rahmen eines Vollgeldsystems das Geld schöpft und zinslos als Kredit in Umlauf bringt; oder durch die Regierung, die auf diese Weise das Geld von der Zentralbank erhalten hat.

Ob diese Kredite getilgt werden müssen, sollte davon abhängig gemacht werden, ob das jeweilige Unternehmen nachhaltig und produktiv im Sinne des Gemeinwohls gewirtschaftet hat.[127] Ist dies nämlich der Fall, so trägt dieses Unternehmen auch zu einem höheren Gesamtwohlstand bei, womit eine höhere Geldmenge gerechtfertigt ist. Da sich die Unternehmen **für die**

Freistellung von der Kredittilgung erst bewähren müssen, haben sie auch bei dieser Finanzierungsform einen starken Anreiz, effektiv und produktiv zu wirtschaften.

Damit würde die Unternehmensfinanzierung nicht mehr an externen, privaten Interessen hängen, sondern zu einer gesellschaftlichen Aufgabe gemacht werden.

Auch heute fließen Jahr für Jahr Milliardenbeträge seitens des Staates in die Finanzierung der Wirtschaft; und sie werden auch nicht zurückgefordert, in der Hoffnung, dass daraus Arbeitsplätze, Einkommen und wiederum Steuereinnahmen entstehen, wodurch sich die Investitionen lohnen würden.

Die Öffentlichkeit als Kapitalgeberin der Wirtschaft ist also heute schon Realität. Geschieht dies nun in einem System, in dem die Gewinne der Firma nicht mehr an externe, private Kapitalgeber fließen, kann sich an diesem Finanzierungsmodell auch keine private Elite mehr auf Kosten der Allgemeinheit bereichern.

Das Geld, das als Investitionskapital von der Öffentlichkeit zur Verfügung gestellt wird, soll nicht dem Unternehmer als Privatperson gehören, es soll an das Unternehmen als Ganzes gebunden sein.[128] Dies schließt nicht aus, dass der Unternehmer durch eine höhere Produktivität auch ein höheres Einkommen erhält.

Reform des Besitzrechts an Grund und Boden

Wer zuerst kommt, mahlt zuerst: Der Boden als private Ware

Es ist kaum abzuschätzen, welche Summen bis zum heutigen Tag durch dieses System fortlaufend von den arbeitenden Menschen aufgebracht werden müssen, und diese bezahlen damit nichts anderes als das Recht, sich auf einer bestimmten Anzahl Quadratmetern häuslich niederlassen zu dürfen, welches ihnen andernfalls von ihren Mitmenschen verweigert werden kann.

Yoshito Otani, in «Die Bodenfrage und ihre Lösung»

Darf der Boden verkäuflich sein? Wenn auf einem Markt Waren getauscht werden, dann werden Leistungen getauscht – auch wenn Geld dazwischen tritt –, da hinter jeder Ware eine Leistung steht. Der Begriff «Ware» ist also verknüpft mit einem Leistungstausch.

Hinter dem Objekt Boden dagegen steht keine eigene Leistung, denn niemand hat ihn erzeugt; und so **kann er auch keine Ware sein.** Er wurde irgendwann von Siedlern abgesteckt, die ihn zu ihrem Eigentum erklärten. Früher oder später wurden dann meistens die selbst erklärten Eigentümer oder ihre Nachfahren von anderen Menschen kriegerisch überwältigt, die anschließend ihrerseits den Boden zu ihrem Eigentum erklärten und später weitervererbten oder verkauften. Langfristig gesehen sind wir fast alle die Erben von Kriegsbeute.

Die Tatsache, dass Krieg der Vater der heutigen Bodenbesitzverhältnisse ist, macht uns nur besonders deutlich bewusst, dass diese nicht gerecht sein können. Die eigentliche Ursache des Bodenproblems beginnt jedoch schon mit den ersten Siedlern, die den Boden, den sie nicht selbst erzeugt, sondern nur vorgefunden haben, als eine Ware betrachteten: Als ihre private Ware, die sie gegen Geld verkaufen können oder für die sie durch Vererbung oder Schenkung willkürlich neue Privatbesitzer ernennen können.

Viele Philosophen suchten nach Erklärungen, wie sich heutiger Bodenbesitz aus der Vergangenheit rechtfertigen lässt. Denn wenn bereits die ersten Siedler das Land unrechtmäßig an sich gerissen hätten, dann gäbe es freilich auch keine Grundlage, mit der man die heutige Bodenordnung philosophisch verteidigen könnte. Was berechtigte also die ersten Siedler, ein Stück des noch unverteilten Bodens ihr eigen zu nennen? Die gängige Antwort der Philosophen war und ist: Die Bearbeitung des Bodens; die ersten Siedler durften so viel Land ihr eigen nennen, wie sie bearbeiten, also nutzen konnten. Das ist einleuchtend.

Heißt das aber, dass die erstmaligen Nutzer den Boden wie eine private Ware vererben oder verkaufen dürfen? Dass Boden also, sobald er einmal bearbeitet worden ist, bis auf alle Ewigkeit der Privatbesitz derjenigen ist, die zufällig die Erben oder Käufer der erstmaligen Nutzer sind, egal, ob sie den Boden immer noch nutzen oder nicht?

Liberalistische Philosophen bejahen dies. Sie sagen, der Boden durfte von den erstmaligen Nutzern an neue Besitzer übertragen werden, sofern die Übertragung gerecht war; eine gerechte Übertragung ist nach dieser Sichtweise Verkauf, Vererbung oder Schenkung durch die vorherigen Besitzer; und auf diese Weise dürfe der Boden bis heute von Privatbesitzer zu Privatbesitzer weitergereicht werden. Dies ist heute die herrschende Sichtweise über das Bodenrecht.

Sie ist nicht nur deshalb problematisch, weil es zwischendurch unzählige Kriege gegeben hat, die die lückenlose Besitzübertragung des Bodens durch Vererbung und Verkauf unterbrachen. Sie ist schon deshalb problematisch, weil **von einem unparteiischen Standpunkt aus gesehen nicht gerechtfertigt** werden kann, warum die Nachfahren derjenigen Familien, die ein Land erstmals bebauten, Privilegien in der Nutzung des Landes haben sollten; und warum die Nachkommen derer, die daran nicht beteiligt waren, benachteiligt sein sollten.

Dass Boden als privates Handelsobjekt gilt, das käuflich erworben werden kann, hat insbesondere in Verbindung mit dem Zinseszinssystem verheerende Auswirkungen. So können immer weniger Menschen immer mehr Land aufkaufen, um von anderen Menschen eine Nutzungsgebühr zu erzwingen.

Da die Menschheit größer wird und damit der Bedarf an Boden, die Erde aber nicht, ist den Bodenbesitzern eine **leistungslose Wertsteigerung** des Bodens sicher. Dabei ist der Preis unermesslich steigerbar, den die nächsten Generationen einmal zahlen müssen, nur um auf der Erde leben zu können, was eigentlich das selbstverständlichste Menschenrecht ist.

1967 urteilte das Bundesverfassungsgericht: Wegen der Unvermehrbarkeit und Unentbehrlichkeit des Bodens darf seine Nutzung nicht völlig dem Belieben des Einzelnen überlassen werden. Die Interessen der Allgemeinheit müssen berücksichtigt werden. Wörtlich schlussfolgerte es: «Es liegt hierin die Absage an eine Eigentumsordnung, in der das Individualinteresse den unbedingten Vorrang vor den Interessen der Gemeinschaft hat.»[129] Doch das Bodenrecht wurde dadurch im Großen und Ganzen nicht geändert.

Pachtzahlungen an Bodenbesitzer werden oft damit gerechtfertigt, dass man sagt: Der Bodenbesitzer verzichtet auf ein Stück Land, wofür er durch die Pachtzahlung entschädigt werden muss. Doch in dieser Argumentation liegt ein Irrtum. Wer sich Boden kauft, bezahlt niemanden für eine Leistung. Er kauft sich nur das *Recht,* diesen Boden nach seinem Belieben nutzen zu können, kauft sich somit das Einverständnis der Gesellschaft zur Bodennutzung, ausgedrückt durch das offizielle Recht. Bodeneigentum ist folglich immer die Zusprechung eines Rechts durch die Gesellschaft. Insofern ist es die Gesellschaft, die auf etwas verzichtet, wenn der Bodeneigentümer das Land nicht nutzt: Sie verzichtet auf dessen Leistung. Und es ist der Bodeneigentümer, der rechtfertigen muss, warum er den Boden, den ihm die Gesellschaft überlassen hat, nicht nutzt, sondern teuer verpachtet.

Wenn jemand Boden von vorn herein als Spekulationsobjekt kauft und nicht, um ihn direkt zu nutzen, dann ist die Absurdität des Verzichtsarguments besonders deutlich. Wir können uns das an folgendem Szenario deutlich machen:

Zehn Schiffbrüchige verschlägt es auf eine unbewohnte Insel. Einer strandet zuerst und steckt die Hälfte der Insel ab. Als seine restlichen Kumpanen nachkommen, erklärt er ihnen, dass die Hälfte der Insel bereits sein Eigentum sei und dass diejenigen, welche «seinen» Inselteil nutzen wollten, ihn mit einem Teil des Bodenertrages bezahlen müssten – als Ausgleich dafür, dass er darauf verzichte.

Auch wenn der zuerst Gestrandete schon länger auf der Insel gelebt und sie tatsächlich einmal bewirtschaftet hätte und selbst wenn er sich die Insel mit hart erarbeitetem Geld erkauft hätte, wäre es nicht gerechtfertigt, wenn er später strandende Schiffbrüchige, die von diesem Land abhängig sind, und alle ihre Nachfahren zu Bodenabgaben zwingen würde. Denn Boden zu beanspruchen, ohne ihn selbst zu nutzen, bedeutet nichts anderes, als ihn anderen (den später geborenen und ärmeren Menschen) wegzunehmen, um Abgaben von ihnen zu erpressen. Mit Aufgabe der Nutzung von Boden muss also die Verfügungsgewalt darüber enden.

Wer sich teuer ein Haus oder Grundstück gekauft hat und es nun vermietet, mag natürlich sagen: Ich habe jahrelang geschuftet, um mir diese Immobilie leisten zu können, es wäre doch ungerecht, wenn meine Mieter, die nicht so viel entbehrt haben wie ich, nun kostenlos hier wohnen könnten. Und in der Tat kann man es niemandem zur Last legen, dass er eine Immobilie, die ihm gehört, die er aber nicht braucht, gegen Geld vermietet. Denn das gegenwärtige System sieht es nicht anders vor und man kann von niemandem verlangen, freiwillig auf einen Vorteil zu verzichten.

Jedoch muss man sehen: In dem Moment, wo die Einnahmen aus Immobilienbesitz die eigenen Ausgaben für diese Immobilie übersteigen, verdient man leistungslos auf Kosten anderer Menschen. Wer Boden verpachtet, wird zwar nicht, wie beim sofortigen Verkauf, auf einen Schlag reich. Dafür wird er vom Pächter bzw. Mieter sein Leben lang versorgt und kann die Pacht noch dazu kontinuierlich an die Wertsteigerung des Bodens anpassen. Ein Mieter bezahlt im Laufe seines Lebens oft zwei- bis dreimal den Wert seiner Wohnung an den Vermieter, und doch gehört sie ihm am letzten Tag so wenig wie am ersten.

Wozu es führt, wenn mit Geldvermögen Privatbesitz an Boden erworben werden kann, zeigt das Beispiel der USA. Nachdem den einheimischen Indianern das Land geraubt worden war, verteilten die Kolonialherren dieses Land an Vermögende, die ganze Landstriche aufkauften, mit dem einzigen Ziel des Spekulationsgewinns. Diese Landzuweisungen behinderten die landwirtschaftliche Nutzung erheblich[130] und zwangen viele der späteren Siedler in die finanzielle Abhängigkeit, mit Folgen für die Vermögensverteilung bis heute: Die Nachfahren der damals Privilegierten sind weiterhin im Vorteil gegenüber allen übrigen Menschen, die ihnen ihr Leben lang Miete und Pacht zahlen müssen oder Raten auf einen Immobilienkredit.

Heute ist Hunger oft weniger die Folge eines Bevölkerungswachstums als vielmehr die Folge einer ungerechten Verteilung, insbesondere des Bodens.

Die Erde gehört allen Menschen gleichermaßen. Es gibt keinen vernünftigen Grund, warum diejenigen, die zuerst über Boden verfügten und deren Nachfahren, bis in alle Zukunft alle anderen vom Landbesitz ausschließen können. Es gibt keinen vernünftigen Grund, warum Menschen ihr Leben lang dafür zahlen müssen, dass sie «zu spät dran waren» und der Boden bereits unter den früheren Generationen aufgeteilt worden ist.

Auch nach marktwirtschaftlichen Kriterien kann Boden keine gerechte Ware sein. Damit ein Markt funktioniert, müssen Angebot und Nachfrage bekanntermaßen reaktionsfähig sein. Das heißt, sie müssen auf zu teure oder zu billige Preise reagieren können: Durch Preis- oder Mengenveränderung auf der Angebotsseite und einer Veränderung des Kaufverhaltens auf der Nachfrageseite. Diese Reaktionsfähigkeit ist beim Boden nicht gegeben: Er lässt sich weder insgesamt vermehren, noch transportieren. Das heißt, man kann verfügbares Land in einer abgelegenen Region nicht in eine Stadt bringen, um das Angebot zu erhöhen und damit den Preis zu verbilligen. Die einzige mögliche Reaktion der Nachfrageseite wäre das Nichterwerben von Boden. Doch dies ist nicht möglich, jeder

Mensch braucht schließlich eine Wohnung. Statt des Marktausgleichs gibt es auf dem Bodensektor also nur die Einbahnstraße der Verteuerung. An dieser langfristigen Verteuerung ändern auch kurzfristige Preiseinbrüche nichts.

Mittlerweile haben die Bodenpreise Höhen erreicht, die jedes normale Maß übersteigen. Von 1962 bis 2013 hat sich die mittlere Arbeitszeit in Deutschland, die von Nöten ist, um ein Stück Bauland als Eigentum erwerben zu können, um circa 60 Prozent erhöht.[131] Entsprechend haben sich die leistungslosen Gewinne der Verkäufer und Vermieter erhöht.

Neubauwohnungen sind für Normalverdiener mittlerweile unerschwinglich geworden. Die jetzige freie Verkäuflichkeit von Boden bedeutet somit für immer mehr Menschen eine faktische Nichtkäuflichkeit. Stadtkerne können sich oft nur noch Banken und Versicherungen leisten, die dann das übrige Gewerbe verdrängen.

Die hohen Bodenpreise machen es auch den Städten und Gemeinden immer schwerer, kommunale Aufgaben zu erfüllen. Denn will eine Stadt zum Beispiel für einen neuen Kindergarten Grund erwerben, muss sie den gegenwärtigen Marktpreis bezahlen; oder etwa für einen Straßenbau den Voreigentümer mit dem Marktpreis entschädigen.

Dadurch, dass viele Unternehmen, die schon lange existieren, billig erworbenen Altbesitz an Grund und Boden haben, wird darüber hinaus der Wettbewerb verzerrt, Neugründungen werden erschwert.

Dass sich bislang angesichts dieser Situation kaum Proteste erhoben haben, hat wohl vor allem zweierlei Gründe. Zum einen glauben viele Menschen, dass die einzige Alternative in Zwangsenteignung und Kommunismus besteht. Zum anderen macht der steigende Bodenpreis auch alle bisherigen Immobilieneigentümer zu Vermögenden – zumindest auf dem Papier.[132]

Explodierende Baulandpreise

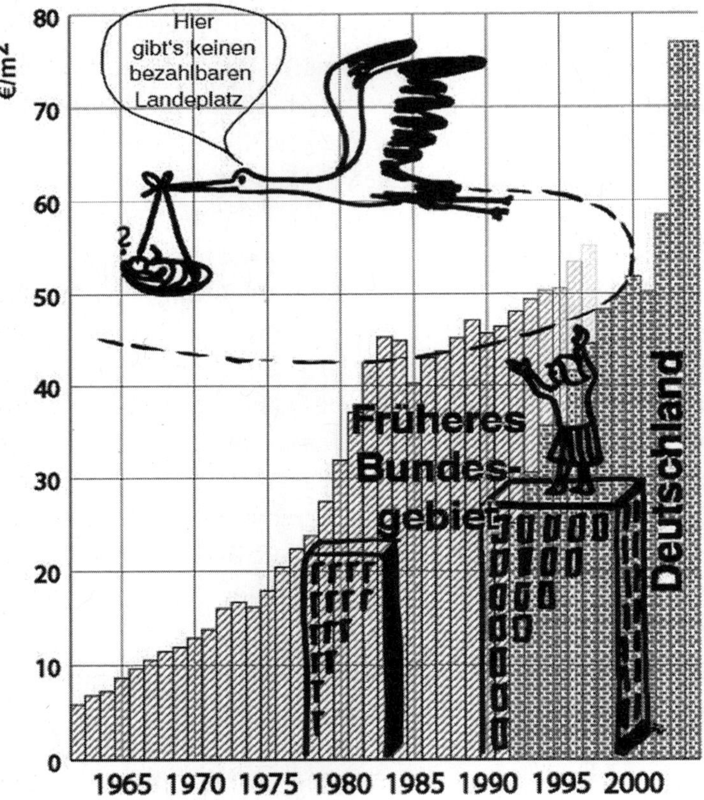

Grafik: Arbeitsgruppe Gerechte Wirtschaftsordnung, Folie 6.1.

Sie glauben, dass dadurch ihre eventuelle allgemeine Situationsverschlechterung ausgeglichen werde und fühlen sich auf der Gewinnerseite. Dabei übersehen sie jedoch, dass der Grund für ihre Situationsverschlechterung (Einkommenskürzungen, höhere Lebenshaltungskosten) mit der ungerechten Vermögenssituation zu tun hat, die sie auf dem Papier zu Vermögenden macht. Es ist ähnlich wie bei den kleinen Sparern, die sich über den Zinsgewinn auf ihrem Sparbuch freuen, doch dabei übersehen, dass ihnen über Preise und Steuern viel mehr Zinsen abgezweigt werden, als sie selbst über ihr Sparbuch einnehmen.

So **schadet die Bodenordnung dem allergrößten Teil der Gesellschaftsmitglieder** – auch dem kleinen Immobilienbesitzer. Denn die Gewerbetreibenden wälzen nicht nur ihre Zins-, sondern auch ihre Mietbelastungen auf die Preise und auf die Einkommen ihrer Angestellten ab, wodurch wir alle Miete zahlen. Die stetigen Geldströme an die großen Immobilienbesitzer bedeuten dadurch einen Kaufkraftverlust für einen großen Teil der Bevölkerung.

Das Problem ist allerdings nicht, *dass* der Boden etwas kostet, sondern dass die Einnahmen daraus im gegenwärtigen System von der Allgemeinheit weg fließen, zu einigen wenigen privaten Profiteuren. Deren Einnahmen aus Bodenbesitz haben den gleichen Umverteilungseffekt wie Zinsen.

Die Reform: Nutzungsrecht statt Besitzrecht

Wir haben gesagt, dass allgemein nur die Nutzung des Bodens als Rechtfertigung für den Ursprung der heutigen Bodenordnung anerkannt wird. Wenn man aber das Bodenrecht aus der Nutzung des Bodens ableitet, dann kann es keinen Bodenbesitz geben, sondern **nur ein Nutzungsrecht**.[133]

Darüber hinaus muss es eine Steuer auf die Bodennutzung geben. Denn die Erde gehört allen Menschen, die Nutzung eines Stückchens Erde durch eine Person oder Personengruppe schließt aber alle anderen Personen davon aus. Zwar profitiert die Allgemeinheit davon, wenn Boden von einer Privatperson, zum Beispiel einem Bauern, produktiv genutzt wird. Doch profitiert die Allgemeinheit ja nicht kostenlos. Sie muss den Bauern, den Wald-, Steinbruch- oder Minenbesitzer für ihre Erträge bezahlen und die Gewinne, die diesen zufließen, bleiben privat. Deshalb sollte eine Bodenabgabe einen Ausgleich schaffen zwischen Menschen, die mehr Boden beziehungsweise besseren Boden oder bessere Wohnungslagen nutzen und Menschen, die weniger oder gar keinen Boden direkt nutzen, beziehungsweise schlechteren Boden nutzen. Und sie soll damit gleichzeitig verhindern, dass Einzelne Land auf Kosten der Allgemeinheit horten.

Durch eine solche Reform würde niemandem vorgeschrieben, wie und wo er zu wohnen hat. Das Nutzungsrecht würde dem Einzelnen die freie Verfügung über sein Grundstück garantieren, er ist wie ein Eigentümer gestellt. Der Nutzer eines Grundstücks sollte nur verpflichtet sein, für die Bodennutzung eine **Nutzungsgebühr an die Allgemeinheit** zu zahlen. Außerdem soll er bei Nutzungsaufgabe keinen Kaufpreis erheben können.

Das Eigentum an Gebäuden, Häusern und Wohnungen bliebe dagegen vollständig erhalten. Diese können weiterhin verkauft, vererbt oder vermietet werden. Ein Haus ist schließlich ein Produkt menschlicher Leistung und kann somit auch Ware sein. Wer in einer Wohnung ohne Garten lebt, müsste die Bodennutzungsgebühr nur für die Anzahl der Quadratmeter Boden bezahlen, die seine Wohnung einnimmt.

Für bevorzugte Grundstückslagen würden höhere Nutzungsabgaben erhoben, für schlechtere Grundstückslagen niedrigere; für Einfamilienhäuser höhere, für Wohnungen niedrigere. Wer besser verdient, kann sich somit auch in diesem System größere, bessere und schönere Grundstücke leisten. Die Nutzungsabgabe fließt aber an die Allgemeinheit zurück, die dadurch einen

Ausgleich erhält. In besonderen Fällen könnte die Höhe der Nutzungsabgabe durch öffentliche Ausschreibungen bestimmt werden: Wer am meisten bietet, also bereit ist, die höchste Nutzungsgebühr zu bezahlen, der erhält das Nutzungsrecht.

Gemeinnützige Einrichtungen und öffentlich genutzte Flächen würden von der Bodenabgabe freigestellt werden, da sie ja ohnehin schon der Allgemeinheit dienen. Für Bauern zum Beispiel könnte man Ermäßigungen festlegen, da ihre Arbeit zur Erhaltung des Kulturlandes notwendig ist.

Wichtig ist, dass die Regierung auf die Einnahmen aus der Nutzungsabgabe keinen Zugriff hat. **Der Boden darf nicht dem Staat gehören**. Er muss Eigentum der Allgemeinheit sein. Das bedeutet für die Praxis, dass die Einnahmen aus der Bodenabgabe in eine gesonderte Kasse fließen, die zweckgebunden verwaltet wird. Es muss garantiert sein, dass diese Einnahmen der Allgemeinheit zugute kommen. Man könnte zum Beispiel festlegen, dass diese Einnahmen ausschließlich für soziale Zwecke verwendet werden dürfen. Die öffentlich-rechtliche Bodenverwaltung sollte dabei separat gewählt werden, damit keine Interessenverfilzung mit der Politik stattfindet.

Für eine derartige Reform bietet das deutsche Grundgesetz bereits die Möglichkeit, es müsste nicht geändert werden. Dort heißt es (§ 14): «Eigentum verpflichtet»; «Grund und Boden, Naturschätze und Produktionsmittel können zum Zwecke der Vergesellschaftung durch ein Gesetz, das Art und Ausmaß der Entschädigung regelt, in Gemeineigentum oder in andere Formen der Gemeinschaft überführt werden.» (§15).

Der Boden braucht alles in allem bei einer Bodenreform nicht neu verteilt zu werden. Jeder kann in seinem Haus oder seiner Wohnung bleiben, jeder kann sein Grundstück behalten. Bei Grundstücken darf der alte Nutzer den neuen bestimmen, was zum Beispiel für die Landwirtschaft wichtig ist, nur, dass kein

Kaufpreis gezahlt wird. Und mit den Gebäuden, die ja weiterhin verkauft, vererbt oder vermietet werden können, wandern einfach die Bodenrechte mit. Auf diese Weise erfolgt also die Verteilung des Bodens.

Die öffentlich-rechtliche Bodenverwaltung muss lediglich darüber informiert werden, wer welchen Boden nutzt. Sie wird zwar offiziell Eigentümerin des Bodens sein, aber sie hat nur stille Rechte inne. Das heißt, sie hält sich im Hintergrund und nimmt ihre Eigentumsrechte nur in den Fällen wahr, wo der alte Nutzer keinen neuen Nutzer bestimmt oder gefunden hat. Außerdem würde sich bei noch ungenutztem Land die Frage stellen, an wen es zugeteilt werden soll. Die Zuteilung erfolgt hier entweder durch eine Auktion oder durch Entscheidung der Bodenverwaltung – was nicht anders ist als heute, wo sich die Kommunen bei der Vergabe von Grundstücken auch für einen Käufer oder Mieter entscheiden müssen.

Bei unbenutzten Grundstücken würde es einige Veränderungen in den Besitzverhältnissen geben, da viele Menschen sie heute nur halten, um sie später einmal teurer verkaufen zu können. Für unbebaute Grundstücke würde nämlich ebenfalls eine Nutzungsgebühr erfolgen. Und da man das Land ja nicht mehr verkaufen kann, würde es niemand mehr zu rein spekulativen Zwecken horten.

Bauen wird billiger, da kein Kaufpreis für das Grundstück mehr aufgebracht werden muss und nur noch die Nutzungsgebühr gezahlt werden muss. Somit können auch die Mieten für die Gebäudenutzung billiger angeboten werden.

Es gibt Befürchtungen, dass sich ohne Bodenpreise ein Schwarzmarkt entwickeln würde: Der Verkäufer eines Gebäudes würde bei hoher Nachfrage den nicht mehr vorhandenen Bodenpreis auf den Preis des Gebäudes aufschlagen. Um dem entgegen zu steuern, könnte unter anderem die Höhe der Nutzungsgebühr an die Höhe des Gebäudepreises bzw. an die Höhe der Mieten gebunden werden. So würde ein hoher Kaufpreis für ein Haus auch eine hohe Nutzungsgebühr nach sich ziehen. Dies würde den Preisspielraum beim Gebäudeverkauf stoppen. Denn die Käufer werden nicht zu viel für ein Gebäude zu zahlen bereit sein, wenn sie zusätzlich eine sehr hohe Nutzungsgebühr zahlen müssen.

Wie sieht es mit der Entschädigung aus? Die meisten Immobilienbesitzer haben für ihr Grundstück ja einmal viel Geld bezahlt. Dieser Kaufpreis, den sie einmal für das Grundstück tatsächlich gezahlt haben, plus Inflationsausgleich **muss ihnen bei einer Bodenreform entschädigt werden** – nicht der Kaufpreis des Gebäudes, denn dieses bleibt ja Eigentum, sondern nur der Kaufpreis des Bodens. Alles andere wäre juristisch und gesellschaftlich nicht durchsetzbar.

Dabei sollte nicht der gegenwärtige Marktwert entschädigt werden, denn hinter der Wertsteigerung vom einstigen Kaufpreis zum gegenwärtigen Marktwert steht keine eigene Leistung. Auch ererbtes Eigentum muss nicht zwingend entschädigt werden, denn der Eigentümer hat ja vom Wert seines Eigentums bereits durch die Nutzung profitiert.[134]

Die Entschädigungen würden aus der Nutzungsgebühr finanziert werden. Udo Hermannstorfer schlägt einen Weg vor, wie dies bewerkstelligt werden kann:[135]

Grundstücksbesitzer erhalten den Anschaffungspreis ihres Grundstücks in Raten entschädigt, während sie gleichzeitig auch die Nutzungsgebühr bezahlen müssen. Die Höhe der Nutzungsgebühr richtet sich in der Anfangszeit nach den gegenwärtigen Grundstückswerten. Dadurch sammeln sich durch die Nutzungsgebühr mehr Gelder an, als für die Entschädigungen ausgegeben werden müssen.

Wenn jemand ein Haus auf Kredit erworben hat und den Kredit noch nicht getilgt hat, dann bekommt er von der Bodenverwaltung nur den Teil des Kaufpreises entschädigt, den er schon abbezahlt hat. Den nicht abbezahlten Teil des Kredites könnte man an die jeweilige Bank, welche den Kredit vergeben hat, abzahlen.[136] In Anbetracht der Tatsache allerdings, dass die Banken das Geld für die Kredite ja aus dem Nichts geschöpft haben und nur in speziellen Fällen Verluste durch Nichtrückzahlung haben, ist es berechtigt, auch davon abzusehen.

So würde durch die Nutzungsgebühren, die wiederum für Entschädigungszahlungen verwendet werden, ein Kreislauf entstehen, in dem durch vergleichsweise wenig Geld durch mehrmaliges Umlaufen die gesamten Entschädigungen abbezahlt werden könnten. Dann ist die Entschädigungssumme kein Betrag, der auf einmal aufgebracht werden muss.

Durch die Entschädigungszahlungen blieben die Bodenungerechtigkeiten bis zur Tilgung erst einmal bestehen. Die Entschädigungen stellen sogar eine weitere Umverteilung von den Nichteigentümern zu den Eigentümern dar. Denn sie werden ja von der Allgemeinheit über die Nutzungsgebühr finanziert, während nur die Bodeneigentümer von ihnen profitieren. Jedoch gäbe es auch keine Verteuerung der Bodenpreise mehr. Die Wirkung der Nutzungsgebühr käme vielmehr einem Einfrieren der Bodenpreise gleich. In einer Generation, circa 30 Jahren, könnte der Boden schließlich von der Kaufpreisbelastung befreit sein.[137]

Nach Abzahlung der Entschädigungen kann die Höhe der Nutzungsgebühr völlig frei nach den gesellschaftlichen Bedürfnissen ausgerichtet werden.

Um es noch einmal zu betonen: Durch eine solche Reform wird niemandem etwas weggenommen und der Wohlstand für die Allgemeinheit wird erhöht.[138]

Das Grundeinkommen

Echte Demokratie besteht nicht darin, dass wir alle vier Jahre zur Wahl gehen dürfen, so bedeutend das ist. Wichtiger ist, dass wir selbst bestimmen dürfen, was wir mit unserer Freiheit und unserem Geld machen.

Jan Kulczyk, polnischer Unternehmer

Das Problem der Arbeitslosigkeit am Beispiel von zehn Bäckern

Nehmen wir an, zehn Menschen stellen zusammen ein Produkt her: Sie backen im Monat hundert Brote, und diese Brote können auch nur durch die Zusammenarbeit dieser Leute hergestellt werden. Da alle gleich viel arbeiten, bekommt jeder im Monat gleich viel, also zehn Brote, und diese stehen symbolisch für ihre einzige Lebensgrundlage.

Nehmen wir weiter an, dass eine technische Erfindung in das Backwerk Einzug hält, die eine Automatisierung des Backprozesses bewirkt. Erstens werden dadurch nur noch zwei der zehn Leute für den Brotbackprozess gebraucht. Zweitens kann jetzt sogar mehr hergestellt werden als vorher, nämlich nicht nur hundert Brote, sondern 110 Brote im Monat.

Anmerkung zu diesem Beispiel: Das Szenario, dass nur noch 20 Prozent der arbeitsfähigen Bevölkerung für die Wirtschaft gebraucht werden, ist nicht an den Haaren herbei gezogen.

1995 sagten Ökonomen voraus, dass der technische Fortschritt langfristig zu einer 20-zu-80-Gesellschaft führe, in der **80 Prozent der Bevölkerung für den Produktionsprozess überflüssig** sind.[139] Ein US-Ökonom schätzt sogar, dass im Jahr 2050 nur noch fünf Prozent der erwachsenen Bevölkerung nötig sein werden, um die industrielle Welt zu managen und zu betreiben.[140] Die Produktionserhöhung von zehn Prozent ist in unserem Beispiel dagegen willkürlich festgesetzt. Über längere Zeiträume gesehen ist die Produktionserhöhung durch den technischen Fortschritt noch viel höher: Heute kommt in Deutschland auf einen Menschen mehr als sechs mal so viel Produktion als vor hundert Jahren.[141]

Folgende Fragen stellen sich für die Bäcker nun: Wie soll die Arbeitszeit verteilt werden? Und wie soll das Brot verteilt werden, insbesondere die Produktionserhöhung von zehn Prozent?

Wie würden die zehn Leute mit höchster Wahrscheinlichkeit vorgehen, wenn sie über diese Fragen selbst bestimmen könnten? Sie würden die nötige Arbeit und damit auch die Brote zu gleichen Teilen aufteilen. Das heißt bei fünf Arbeitstagen in der Woche, dass wechselweise jeweils zwei Personen an einem Tag arbeiten.

Jetzt muss jeder also nur noch einen Tag in der Woche arbeiten und ist natürlich froh, die restlichen Tage frei zu haben, ohne dass sich sein Wohlstand verringert hätte. Im Gegenteil: Der Wohlstand ist jetzt mit elf Broten im Monat sogar noch höher als vorher.

Wie würde die prinzipielle Lösung bei den zehn Bäckern aussehen, wenn so verfahren werden würde wie in unserer heutigen Gesellschaft? Es würden zwei Personen bestimmt werden, die die restliche Arbeit alleine zu verrichten haben, während die anderen acht entlassen werden. Dies kann nur geschehen, wenn es eine elfte Person gibt, der das Backwerk gehört, denn freiwillig würden die «überflüssigen» acht Personen das freilich nicht mit sich machen lassen. Diese elfte Person lassen wir der Einfachheit halber aber bei der weiteren Betrachtung weg.

Jetzt sieht die Situation so aus: Während früher 100 Brote auf zehn Arbeiter gleich verteilt wurden, gibt es jetzt 110 Brote, die aber nur noch auf zwei Arbeiter verteilt werden.

Nun sind wir davon ausgegangen, dass das Brot die einzige Lebensgrundlage der zehn Personen war. Weil die entlassenen acht Personen auch von irgend etwas leben müssen, schaltet sich nun der Staat ein und zwingt die im Arbeitsprozess Verbliebenen dazu, an jeden Entlassenen monatlich zum Beispiel ein Brot abzuzweigen. Nach heute gängiger Sichtweise würden die beiden Arbeiter, die noch gebraucht werden, dann sagen: «Von dem Lohn unserer Arbeit, der uns gehört, müssen wir euch Nichtstuer bezahlen. Das ist ungerecht.»

Armut durch Überfluss

Meine Beobachtung ist, dass Menschen arbeiten wollen und dass Menschen, die unter Druck stehen, meist unter ihren schöpferischen Möglichkeiten bleiben.

Götz Werner, Gründer der Drogeriekette dm

Das Beispiel mit den Bäckern soll das grundsätzliche Verteilungsproblem verdeutlichen, das auftaucht, wenn nur noch wenige Menschen für den Produktionsprozess gebraucht werden. Pro Kopf wird mehr und mehr produziert. Aber wem steht dieses Mehr, also der Produktionsgewinn zu?

In der Realität verhält es sich noch ungerechter als in unserem Beispiel. Da ist es tendenziell so, dass nicht einmal die verbliebenen Arbeiter von der Produktionserhöhung profitieren, sondern die Firmenbesitzer und damit die Kapitalbesitzer. So sind seit 1990 die inflationsbereinigten Nettolöhne in Deutschland um bis zu 50 Prozent gesunken.[142] Und das, obwohl sich die Produktivität seitdem nahezu verdoppelte![143]

Doch selbst wenn in unserem Beispiel alle acht entlassenen Bäcker über den Staat zehn Brote im Monat erhielten, selbst wenn sie also genauso viel hätten, wie zuvor, würde die Arbeitslosigkeit dennoch mehr als Schmach angesehen werden denn als Freiheitspotenzial. Denn das Arbeitslosengeld würde trotzdem wie Almosen vergeben werden, wie Eigentum, das anderen gehört und nur gnadenhalber empfangen wird.

Arbeitslosigkeit wird in der Tat nur dann als Schmach angesehen, wenn sie mit der Rolle des bedürftigen Bittstellers verbunden ist. Das zeigt ein Vergleich: Früher wurde «Arbeitslosigkeit» immer als Privileg angesehen, denn sie war eine Folge von Reichtum; und auch heute gilt die «Arbeitslosigkeit» derjenigen, die so reich sind, dass sie nicht arbeiten müssen, als vornehm.

Dabei ist die heutige strukturelle Arbeitslosigkeit ebenfalls **eine Folge von gesellschaftlichem Reichtum.** Deswegen hat sich auch gezeigt, dass die Arbeitslosenquote durch eine Belebung der Wirtschaft nicht im notwendigen Umfang gesenkt werden kann. Es ist vielmehr so, dass heute ein großer Teil der Investitionen in Wahrheit Rationalisierungsmaßnahmen sind. Das heißt, es wird in eine umsatzsteigernde Technik investiert, in deren Folge Arbeitskräfte entlassen werden können.

Von einer Vollbeschäftigung, wie sie es früher einmal gab, müssen wir uns verabschieden. Aber das ist zunächst einmal gar nicht schlimm. Im Gegenteil: Die Nichtbeschäftigung ist ein Zeichen dafür, dass wir mit weniger Arbeit das selbe Sozialprodukt erzeugen können.[144] Die Gesellschaft könnte sich im Grunde freuen und es ist eigentlich erschütternd, dass ein solcher Glücksfall gegenwärtig als einer der größten Unglücksfälle der heutigen Zeit angesehen wird. Wir denken uns arm im Überfluss. Der Grund ist, dass die Verteilung des Kuchens noch nicht befriedigend geregelt ist:

Die einen arbeiten aus Angst vor Arbeitslosigkeit oft in Jobs, in denen sie sich nicht wohl fühlen und/oder in denen sie schlecht bezahlt werden. Wenn sie dann von ihrem oft knappen Lohn noch etwas an die Arbeitslosen abgeben müssen, fühlen sie sich ausgenutzt.

Die anderen finden keine Arbeitsstelle und erleben sich in der demütigenden Rolle der Almosenempfänger. Da gewollt wird, dass sie einen Arbeitsanreiz haben, erhalten sie gezielt nur einen geringen Anteil an der Wertschöpfung, und das auch nur unter der Bedingung, dass sie Arbeit suchen. Wenn viele Menschen zum Arbeiten gezwungen sind und es nur wenige Arbeitsplätze gibt, dann sinken die Löhne und die Qualität der Arbeitsbedingungen für die Arbeitenden natürlich in den Keller. Die Firmenbesitzer können die Gewinne einstreichen.

Während durch den technischen Fortschritt alle Gesellschaftsmitglieder mehr haben könnten als vorher und trotzdem weniger arbeiten müssten, haben wir nun ein Heer von Menschen, die den ganzen Tag arbeiten müssen, nur um ihre Grundbedürfnisse zu stillen – und ein Heer von Arbeitslosen.

Arbeit auf alle gleich verteilen?

Nun könnte man es machen, wie die zehn Bäcker. In diesem Fall würde man die Arbeit, für die man nur noch einen Teil der arbeitsfähigen Bevölkerung braucht, auf alle gleichmäßig verteilen, so dass alle nur noch Teilzeitarbeit verrichten.

Dies wäre allerdings nur unter großen Problemen durchführbar. Der Staat müsste dann massiv in die Verteilung der Arbeitsplätze eingreifen und damit in die Freiheit des Wirtschaftslebens. So müsste er die Arbeitgeber verpflichten, Jobs nur noch in Teilzeit zu vergeben. Naturgemäß aber wollen Arbeitgeber die besten Arbeitnehmer in Vollzeit einstellen. Nun würden sie dazu gezwungen werden, die Arbeit auch auf ungeeignetere Arbeitskräfte zu verteilen.

Außerdem kann ein Gesetz, das Teilzeitarbeit zur Pflicht macht, nicht von sich aus eine gute Bezahlung bewirken. Bei einer halbwegs gerechten Verteilung der Güter bräuchten wir zwar tatsächlich nur noch ein Minimum zu arbeiten, ohne dadurch weniger Einkommen zu haben. Doch die gegenwärtige Ausgangslage ist so, dass die meisten Arbeitgeber Teilzeitarbeit nicht einfach plötzlich so gut bezahlen können wie die Vollzeit, weil sie selbst nicht zu den großen Gewinnern gehören. Bei einer Pflicht zur Teilzeitarbeit und nur halbem Lohn würde also mancher Arbeitnehmer sich und seine Familie nicht mehr ernähren können.

Eine erzwungene Teilzeitarbeit kann ebenfalls das Recht eines Menschen, das Lebensnotwendigste bedingungslos zu haben, nicht ersetzen.

Warum jeder Mensch das Recht auf ein Grundeinkommen hat

Einkommen ist ein Bürgerrecht, Vollbeschäftigung eine Illusion. Also müssen wir Arbeit und Einkommen trennen.

Götz Werner, Gründer der Drogeriekette dm

Eine andere Lösung ist die Einführung eines Grundeinkommens. Hinter dieser Idee steht der Gedanke, dass **jeder Mensch bedingungslos das Recht auf Leben hat.** Egal ob jemand ein Schurke, Verbrecher oder Faulpelz ist, das Recht auf das Lebensnotwendigste gehört zu seiner Menschenwürde dazu, die nicht angetastet werden darf. Daraus folgend darf das Recht auf die Befriedigung der Grundbedürfnisse nicht von Bedingungen abhängig gemacht werden.

Hinzu kommt, dass jeder Mensch grundsätzlich einen **gleichberechtigten Anspruch auf die zu verteilenden Naturgüter** hat. Diesen Anspruch hat jeder allein deshalb inne, weil er auf der Erde geboren ist und keinem Menschen ein Geburtsvorrecht vor einem anderen zukommt. Jedem Menschen steht also mit der Geburt ein Teil des Gesamtbesitzes von vorn herein bedingungslos zu; (wenn man etwa das Ackerland unter allen Erdenbürgern aufteilen würde, stünden nach einer Berechnung von 2008 jedem 2200 Quadratmeter zur Verfügung[145]).

Das Recht auf einen Anteil an den Naturgütern kann dabei nicht mit dem Recht auf die Befriedigung der Grundbedürfnisse gleich gesetzt werden. Denn der Naturgüteranteil, der den Einzelnen zusteht, kann theoretisch weit über die Befriedigung der Grundbedürfnisse hinausgehen – je nachdem, auf wie viele

Menschen die vorhandenen Naturgüter verteilt werden müssen. Was bedeutet das konkret für die staatliche Umverteilung? Zuerst müssen wir uns bewusst machen, dass generell das **Privateigentum mit den Ansprüchen des kollektiven Eigentums verwoben** ist. Aus zweierlei Gründen.

Zum einen können wir die Naturgüter, die Gemeinschaftseigentum aller sind, nicht von den produzierten Gütern trennen, die man als reines Eigentum ihrer Produzenten ansehen kann. Die Güter, die wir in Gesellschaften vorfinden, sind zum allergrößten Teil weder ein rein natürliches, noch ein bloßes Arbeitsprodukt.

Zum anderen bauen wir in allem, was wir tun und nutzen, auf den Tätigkeiten derer auf, die vor uns Erfindungen hervorgebracht, gewirtschaftet, geforscht, gedichtet, und Politik betrieben haben und dies immer noch tun.

Wir können also nicht nur Natur- und Produktionsgüter nicht voneinander trennen; wir sind auch nur in begrenztem Maße aus eigener Kraft unseres Glückes Schmied. Wir sind vielmehr Nutznießer der Errungenschaften anderer Menschen, gerade in einer so komplexen und arbeitsteiligen Welt wie heute. Aus diesen Gründen haben wir keinen Absolutheitsanspruch auf die Erträge unserer Leistungen.[146]

Vielmehr muss man davon ausgehen, dass eine Person, je reicher sie ist, auch einen umso größeren Anteil an den Naturgütern und am sonstigen Gemeineigentum hat. Dies rechtfertigt generell eine staatliche Umverteilung zugunsten der weniger Begünstigten.

Da man jedoch nicht feststellen kann, wie hoch der genaue Anteil am Gemeineigentum ist, der den Einzelnen zusteht, kann die Verteilung des Gemeineigentums in der Praxis nur Folgendes bedeuten: Dass der Staat aus dem Gesamtprodukt einer Gesellschaft so viel abschöpfen darf, wie erstens zur

Regeneration und Erneuerung der verbrauchten Naturgüter im Interesse der zukünftigen Generationen nötig ist; und zweitens, so viel, dass ein gleicher Zugang aller Menschen zum Gemeineigentum sichergestellt ist.[147] Und diesen Zugang kann ein Grundeinkommen gewährleisten.

Hinzu kommt, dass Verteilungsgerechtigkeit nicht nur damit zusammenhängt, was jemand absolut hat, sondern auch, **was er im Verhältnis zu anderen hat.** Diese Forderung begründet sich nicht einfach auf Neid, sie hat einen handfesten ökonomischen Hintergrund. Denn der Wert des Geldes und generell aller Güter hängt davon ab, wie viel Geld und Güter den anderen zur Verfügung stehen. Überdies ist es so, dass der Grad an Ungleichheit des Güterbesitzes mit dem Grad an Macht, den einige über andere haben, korreliert, da Macht immer relativ ist.

Gesellschaften, in denen insgesamt Mangel herrscht, können ihren Mitgliedern die Inanspruchnahme des bedingungslosen Lebensrechts und damit Grundeinkommens vielleicht nicht gewähren, selbst wenn sie wollten. Doch in unserer Gesellschaft herrscht Überfluss. Und so muss nach Kriterien der sozialen Gerechtigkeit auch die niedrigste Einkommensschwelle danach bemessen werden.

Dabei wird der Anteil der maschinellen Produktion, die Grundlage unserer Überflussgesellschaft, größer und größer. Die Menschen, die durch «ihrer Hände Arbeit» Wertschöpfung betreiben, stehen mit den mechanischen Sklaven, den Maschinen, zunehmend im Konkurrenzkampf, den sie allzu oft verlieren. Denn die Maschinen haben den Vorteil, dass sie schneller, besser und ohne Ermüdung arbeiten können. Je weiter der technische Fortschritt vorangeht, der es ermöglicht, mit immer weniger Arbeit immer mehr Wohlstand zu produzieren, desto naheliegender ist die Einführung eines Grundeinkommens.

Denn es drängt sich ein Einkommen auf, das einen Anteil am Wohlstand der Nation, einen Anteil am Maschinenprodukt darstellt, **so dass alle Menschen vom Produktionsfortschritt profitieren.** Andernfalls wird ein immer größer werdender Teil der Gesellschaft von der Teilhabe an kulturellen und ökonomischen Errungenschaften ausgeschlossen.

Es stellt sich also zunehmend die Frage: Ist es in einer Überflussgesellschaft wirklich angemessen, wenn das Lebensminimum als eine Hilfe in Not eingeführt wird, um die der Einzelne betteln muss, obwohl diese «Not», nämlich die Arbeitslosigkeit, ein Zeichen des wachsenden Reichtums ist, und obwohl längerfristig 80 Prozent der Bevölkerung von ihr betroffen sind? Was liegt in einer Gesellschaft, die so weit ist, dass sie die Produktion des rein Notwendigen weitgehend den Maschinen überlassen kann, näher, als zu sagen, wir sichern die Versorgung der Grundbedürfnisse jedem als ein Minimum rechtlich zu? (Wobei die Höhe des Grundeinkommens bei florierendem Wohlstand auch weit über die reine Deckung der Grundbedürfnisse hinaus gehen kann.)

Mit Hartz IV und der Sozialhilfe haben wir in Deutschland auch heute eine Form von Grundeinkommen. Dieses wird jedoch erst bei Bedürftigkeit gewährt; die Auszahlung von Hartz IV ist zusätzlich noch an bestimmte Verhaltensvorgaben geknüpft und kann bei Nichteinhaltung dieser Vorgaben komplett gestrichen werden. Dadurch ist die Inanspruchnahme des Rechts auf das Lebensnotwendigste faktisch mit Entwürdigung verbunden. Der Einzelne muss sich in Abhängigkeit begeben, zum Bittsteller werden und Bedingungen erfüllen, wenn er dieses Recht in Anspruch nehmen will.

Wenn die Inanspruchnahme des Lebensrechts bedingungslos sein soll, **muss das Grundeinkommen an alle Menschen ausgezahlt werden**, an Arbeitende und Nichtarbeitende, Arme und

Reiche gleichermaßen, (an Kinder könnte man es in geringerer Höhe auszahlen); anders ist es nicht möglich, dass es den Charakter eines selbstverständlichen Menschenrechts einnimmt. Sein Erhalt hätte sonst immer den Makel der Bedürftigkeit und Abhängigkeit, bis hin zur Diskriminierung.

Solange jemand seine volle Arbeitszeit dafür aufwenden muss, um seine Grundbedürfnisse zu stillen, ist er nicht frei. Mit dem bedingungslosen Grundeinkommen würden wir uns dafür entscheiden, dass wir uns in der Fülle unseres Reichtums von dem Abrackern für das Notwendigste befreien. Wir würden auf einer gegebenen Grundversorgung aufbauen. Und darüber könnte sich dann eine wirklich freie Erwerbswelt entfalten.

Eine freie Erwerbswelt existiert dann, wenn Menschen nur noch solche Arbeiten annehmen, die ihren Begabungen und Interessen entsprechen. Unbeliebte Arbeiten müssten dann schlichtweg besser bezahlt werden, damit sich jemand findet, der sie macht.

Weit verbreitet sind Befürchtungen, dass viele Menschen, wenn sie keinen Überlebensdruck mehr haben, aufhören würden zu arbeiten. Doch die Praxis heute zeigt, dass Arbeitslose meistens sofort arbeiten, wenn sie die Möglichkeit haben, sich schwarz etwas dazu zu verdienen. Und auch reiche Menschen sind normalerweise schnell bereit, zusätzliche Arbeit anzunehmen, wenn sie dadurch noch mehr verdienen können. Dass sich die Empfänger eines Grundeinkommens **mit ihrem Gehalt zufrieden geben würden, ist also ebenso nicht zu erwarten.**

In Modellversuchen in Namibia und Brasilien führte ein Grundeinkommen dazu, dass die Menschen Kleinunternehmen aufbauten.[148]

Auf die Frage «Würden Sie noch arbeiten gehen, wenn für ihr Einkommen gesorgt wäre?» antworten 60 Prozent mit «Ja», 30 Prozent sagen «Ja, aber weniger oder etwas anderes» und nur zehn Prozent sagen, sie würden erst einmal ausschlafen, sich ganz der Familie oder einer neuen Ausbildung etc. widmen. Auf die Frage «Würden die anderen mit einem Grundeinkommen noch arbeiten gehen?» antworten dagegen 80 Prozent: «Nein, wahrscheinlich nicht.»[149] Offensichtlich ist mehr Vertrauen in die Mitmenschen angebracht.

Das Bild vom faulen Menschen ist ohnehin problematisch. Womöglich geht einer zehn Jahre lang keiner Erwerbsarbeit nach und lebt nur vom Grundeinkommen. Von außen sieht er dann vielleicht faul aus, aber nach dieser Zeit rückt er plötzlich mit einer bedeutenden Erfindung oder einem Kunstwerk heraus. Oder er hat in dieser Zeit seine kranke Mutter gepflegt oder er war für seine Kinder oder Enkel da. Von außen können wir gar nicht beurteilen, ob jemand faul ist.

Ein Einwand gegen das Grundeinkommen ist, dass die Arbeitslosen im Vorteil seien, weil sie für Nichtstun ein Einkommen erhielten, während die Arbeitenden für sie mitarbeiten müssten.

Dies ist jedoch ökonomisch nicht stichhaltig. Denn ein großer Teil der Wertschöpfung wird nicht durch Arbeit erzeugt, sondern durch Technik und Verfahren. Durch die Mehr-Leistung, die dadurch erbracht werden kann, wurden die Arbeitslosen ja gerade ungefragt aus dem Erwerbsleben heraus gedrängt. So **müssen die im Arbeitsprozess Verbliebenen auch nicht mehr arbeiten,** um die Arbeitslosen mitzufinanzieren. Es muss nur die Produktionserhöhung gerecht verteilt werden.

Die Auffassung, dass den Arbeitenden für die Arbeitslosen etwas weggenommen werde, was ihnen gehört hätte, ist also alles in allem nicht zutreffend.[150] In Wahrheit handelt es sich dabei nur um eine Rückverteilung derjenigen Wertschöpfung, die die Arbeitenden vorschnell als ihre eigene angesehen haben.[151] Denn den Entlassenen stand ja von Anfang an ein Teil der Wertschöpfung zu, wenn sie nicht verhungern sollen. Durch die Arbeitslosenunterstützung entsteht somit zunächst niemandem ein wirklicher Nachteil. Es kommt nur nicht zu den erhofften Vorteilen.

Geht uns wirklich die Arbeit aus?

Die Wirtschaft hat nicht die Aufgabe, Arbeitsplätze zu schaffen. Im Gegenteil. Die Aufgabe der Wirtschaft ist es, die Menschen von der Arbeit zu befreien.

Götz Werner, Gründer der Drogeriekette dm

Die Zahl der Arbeitsplätze, die wirklich notwendig sind, nimmt heutzutage ab, die Wertschöpfung nicht. Es muss, wie gesagt, geregelt werden, auf welche Weise jeder Mensch trotz der schwindenden Arbeitsplätze einen Anteil an der Wertschöpfung haben kann. Heute will man diese Aufgabe dadurch lösen, dass man neue Arbeitsplätze schafft. Und in der Tat ist es nicht so, dass es zu wenig zu tun gäbe. Wir könnten die Städte verschönern, Blumen und Bäume pflanzen, Kindern und alten Menschen mehr Zeit widmen, Umweltschutz betreiben, Dinge erforschen und erfinden, Sprachkurse belegen, Kunst betreiben, Kinder und Jugendliche fördern, mehr Lehrer einstellen, und und und.

Diese Tätigkeiten sind jedoch wirtschaftlich nicht unbedingt notwendig. Wir schätzen Tätigkeiten wie die oben genannten um des Schönen willen, weil sie Freude machen und uns eine bessere Lebensqualität geben. Die Rede ist von dem Bereich des Sozialen, der Kunst, Kultur, Wissenschaft und Forschung. Dies ist der **Bereich, der niemals ausgeschöpft werden kann**, in dem somit die Berufe der Zukunft zu finden sind.

Viele Menschen würden gerne auf einem dieser Gebiete arbeiten. Doch durch den Markt fließt das Geld nicht ausreichend in diese «unwirtschaftlichen» Bereiche. So können es sich viele wegen der zu geringen Löhne nicht «leisten», hier zu arbeiten. Dadurch ist auch zu erklären, warum die Berufe der Zukunft unter den heutigen Bedingungen schwerlich durch staatliche Programme ins Leben gerufen werden können.

Durch das Grundeinkommen jedoch fließt das Geld zu den Individuen, so dass sie ohne finanziellen Druck dort tätig werden können, wo ihre Arbeit sinnvoll ist und ihren Neigungen und Begabungen entspricht. Gerade für den oben genannten Bereich ist die Freiheit und die Kreativitätsmöglichkeit der Lebensquell. Ein Grundeinkommen würde diesem Bereich einen enormen Aufschwung verleihen und in Folge davon wiederum Geld aus dem Marktsektor anziehen.

Heute entfallen ohnehin 63 Prozent der gesamten volkswirtschaftlichen Arbeitsleistung auf unentgeltlich geleistete Arbeit, wie das statistische Bundesamt ausrechnete, nämlich auf reproduktive Arbeit, Erziehung, Pflegearbeit, freiwilliges Engagement usw.[152] Durch ein Grundeinkommen würde dieser Bereich volle Unterstützung erhalten und die Arbeit stünde nicht mehr so unter dem Druck, immer Erwerbsarbeit sein zu müssen.

Wir arbeiten für ein Einkommen, heißt es heute. Mit einem Grundeinkommen dreht sich dieses Verhältnis um. Dann **erhält man ein Einkommen, um zu arbeiten**.

Arbeitslos ist eigentlich niemand. Das Problem ist ja nicht, dass wir nicht wissen, wie wir sinnvoll unsere Freizeit verbringen können, die uns der technische Fortschritt ermöglicht. Das

Problem ist die finanzielle und auch rechtlich-psychologische Grundlage, auf der diese Freizeit gestaltet wird. Indem unsere Gesellschaft ihren Mitgliedern das Recht auf Existenz im Großen und Ganzen nur in Abhängigkeit von Erwerbsarbeit zuerkennt, wird die Arbeit, die keine Erwerbsarbeit ist, nicht als möglicherweise gleich- oder sogar höherwertig angesehen. Dadurch wird derjenige, der keine Erwerbsarbeit hat, zu jemandem, der gar keine Arbeit hat, zum «Arbeitslosen».

So ist es nicht verwunderlich, dass Hartz-IV-Empfänger meistens keine ehrenamtlichen Aufgaben übernehmen. Das tun in den allermeisten Fällen Rentner, Hausfrauen und Menschen mit einem Erwerbsberuf. Hartz-IV-Empfänger, die gezwungen werden, in einer Erwerbsarbeitswelt, in der sie im eigentlichen Sinne nicht mehr gebraucht werden, eine Arbeit zu suchen, fühlen sich schikaniert und geraten als Reaktion darauf eher in die Teilnahmslosigkeit, als dass sie sich ehrenamtlich engagieren.

Ein Vorteil für alle

Wenn es nicht zu den Grundrechten jedes Bürgers gehört, dass eine materielle Lebensgrundlage garantiert wird, dann zerfällt die Staatsbürgergesellschaft.

Lord Ralf Dahrendorf, deutsch-britischer Soziologe

Ein bedingungsloses Grundeinkommen bräuchte nicht besonders hoch zu sein, um schon den Effekt zu erzielen, dass es **keinen sozialen Absturz durch Erwerbsarbeitslosigkeit mehr** gibt. Denn weil es jeder erhält und weil es Ausdruck eines selbstverständlichen Menschenrechts ist und nicht Ausdruck von Bedürftigkeit, ist es auch nicht mit einem niedrigen sozialen Status verbunden. Ein Arbeitsleben ohne Angst vor dem sozialen Absturz würde entstehen, ohne den Druck, einen möglichst sicheren Job zu ergattern, möglichst früh zu verdienen oder in Vollzeit arbeiten zu müssen – was heute unvorstellbar ist, wo die Angst vor dem Absturz unser gesamtes Leben prägt.

Eltern könnten so lange für ihre Kinder da sein, wie sie wollen, und müssten sie nicht mehr in Krippen abgeben, um Geld verdienen zu können. Das eigene Einkommen wäre auch nicht mehr vom Ehepartner abhängig. Man könnte sich so lange aus- und fortbilden, wie man es für richtig hält und man könnte sich außerdem rein nach seinen Interessen, unabhängig vom wirtschaftlichen Nutzen ausbilden. Bildung und Wissenschaft würden dadurch einen enormen Aufschwung erfahren. Einer Bildungsunlust bei Jugendlichen durch den fehlenden Arbeitsmarktdruck könnte man entgegensteuern, indem man das Grundeinkommen für junge Menschen teilweise in Form von Bildungsgutscheinen auszahlt.

Niemand würde mehr aus Überlebensdruck unethische Arbeiten übernehmen oder sich ausbeuten lassen. **Die Arbeitsplätze müssten attraktiv gestaltet werden**, damit sich Leute finden, die dort arbeiten wollen. Das gilt auch für die Bezahlung.

Aber **auch Arbeitgeber würden profitieren.** Da mit dem Grundeinkommen die gegenwärtige Sozialversicherung wegfallen würde, bräuchten sie auch in keine Sozialversicherung mehr einzuzahlen und würden dadurch erheblich sparen. Auch müssen sie nicht mehr für das volle Gehalt der Angestellten aufkommen, da diese ja bereits ein Grundeinkommen beziehen. Außerdem ist anzunehmen, dass Angestellte, die eine Arbeit nicht aus Notwendigkeit, sondern freiwillig ausüben, motivierter sind.

Selbst der Staat würde durch die Einführung eines Grundeinkommens sparen, wie Berechnungen von verschiedenen Professoren zeigen. Das Grundeinkommen würde nämlich alle gegenwärtigen Transferleistungen (Arbeitslosengeld, Sozialhilfe, Rente, Ausbildungsförderung, Kindergeld) schrittweise ersetzen. Dadurch würde ein enormer Verwaltungs- und damit auch Kostenaufwand entfallen, der heute mit der Vergabe und Kontrolle der Sozialleistungen verbunden ist.

Ohnehin bekommt schon heute jeder zehnte Bundesbürger staatliche Unterstützung, der Großteil in Form von Hartz IV. In Berlin bekommt sogar jeder Fünfte staatliches Geld zum Leben.[153] Fünf von zehn Deutschen leben vom Einkommen der Angehörigen oder von Rente; Nur vier von zehn Frauen haben ein Einkommen durch Erwerbsarbeit![154]

Transferleistungen sind also schon heute die Regel, ob wir wollen oder nicht und wir können sie nicht abschaffen, wenn wir Menschen nicht auf die Straße treiben wollen. Das Grundeinkommen würde für all diese Menschen den Unterschied machen, dass sie diese Leistungen bedingungslos erhalten.

Diejenigen, die heute einen Job haben, würden ihren Job, wenn er ihnen gefällt, wohl kaum aufgeben, wenn sie noch ein zusätzliches Grundeinkommen erhielten. Wenn der Job ihnen nicht gefiel und sie ihn nun ohne Angst vor dem Absturz aufgeben können, dann können wir uns für sie freuen. Diejenigen, die partout nicht arbeiten wollen, brauchen, wenn sie es drauf anlegen und dem Arbeitsamt falsche Tatsachen vormachen, schon heute nicht zu arbeiten. Und diejenigen, die derzeit gerne arbeiten würden, aber keine Stelle finden, die können nun arbeiten, und zwar das, was sie machen wollen und können – ohne Druck. Und dadurch werden neue Jobs im künstlerischen, sozialen und wissenschaftlichen Bereich entstehen, und es werden mehr ehrenamtliche Tätigkeiten ausgeübt werden.

Selbst wenn es noch ein paar Faule gibt: Durch das Grundeinkommen **hat niemand einen Verlust**, da es den Wohlstand für alle erhöht. Dazu müssen wir wieder an das Wesen eines Geldkreislaufs denken: Je schneller Geld umläuft, desto mehr Reichtum wird im Gesamten erzeugt. Und das Geld kann schneller umlaufen, wenn es immer aufs neue von allen Ausgangspositionen starten kann, wie es das Grundeinkommen ermöglicht, und sich nicht bei nur wenigen reichen Menschen ansammelt. Der Faule, der ein Grundeinkommen erhält, kauft vielleicht genau in dem Laden ein, der einem selbst gehört. Langfristig können die reichen Firmenbesitzer schon aus ökonomischen Gründen kein Interesse daran haben, dass die Arbeiterschaft so wenig verdient, dass sie sich etwa die Autos, die sie produziert, selber gar nicht leisten kann.

Billiger als das heutige Sozialsystem: Die Finanzierung

Der Überfluss ist Realität, aber diese Realität ist in unserem Bewusstsein noch nicht richtig angekommen.

Götz Werner, Gründer der Drogeriekette dm

Ob wir ein bedingungsloses Grundeinkommen einführen oder nicht, ist keine Frage der Finanzierbarkeit. Finanziert werden könnte es mit Leichtigkeit.[155] Ein Grundeinkommen in der Höhe von 800 Euro monatlich für jeden, vom Kind bis zum Greis, würde zum Beispiel insgesamt 583 Milliarden Euro pro Jahr kosten. Das heutige Sozialsystem kostete den Staat im

Jahr 2006 735 Milliarden Euro.[156] Unser gesellschaftlicher Reichtum würde auch ein Einkommen für jeden in noch weit höherem Maße zulassen. Wie hoch das Grundeinkommen angesetzt wird und ob es überhaupt eingeführt wird, hängt allein davon ab, ob es gewollt wird; ob und in welcher Höhe die Mehrheit der Bürger es ihren Mitmenschen gönnt oder nicht.

Zwar könnte das Grundeinkommen auch durch eine Einkommenssteuer, wie wir sie heute primär haben, finanziert werden. Doch ist es prinzipiell nicht richtig, die Arbeitseinkommen zu besteuern. Nicht deshalb, weil einer mehr leistet, sollte er einen größeren Anteil an die Allgemeinheit abgeben. Wer in einer arbeitsteiligen Gesellschaft etwas gearbeitet hat und mit seinem Einkommen noch nichts gekauft hat, hat erst einmal nur die Bedürfnisse anderer befriedigt und selbst noch nichts beansprucht. Vielleicht will er sein Einkommen ja auch verschenken. Nicht wenn einer mehr leistet, soll er also mehr Steuern zahlen müssen, sondern wenn er mehr beansprucht, also mehr konsumiert. Deshalb **ist die gerechteste Steuer die Konsumsteuer**, oder Mehrwertsteuer genannt, die heute nur einen kleinen Teil der Steuern ausmacht.

Während die Einkommenssteuer genau an dem ansetzt, was immer weniger wird, nämlich am Erwerbseinkommen, setzt die Konsumsteuer an dem an, was jeder tut: Konsumieren. Durch eine reine Konsumsteuer zahlt jeder immer so viel Steuern, dass sie in einem bestimmten Verhältnis zu seinem Konsum und damit realem Reichtum stehen. Niemand kann sich so der Steuer entziehen, denn was nützt einem Geld, wenn man es nicht ausgibt?

Je reicher jemand ist, desto mehr konsumiert er und desto höher ist der Betrag an Steuern, den er zahlt. Dadurch ergibt sich eine einfache und wirksame **Steuerprogression**: Bei den ärmeren Menschen ist der Betrag, den sie an Steuern zahlen, niedriger als der Betrag, den sie über das Grundeinkommen erhalten, denn sie konsumieren auch weniger. Je reicher jemand ist, desto höher sind auch seine Konsumsteuerabgaben im Verhältnis zur Höhe des Grundeinkommens, das er erhält. Bei einer bestimmten Ausgabenhöhe gleichen sich die Steuerabgaben mit den Einnahmen des Grundeinkommens aus. Alle Einkommensschichten darüber zahlen einen höheren Betrag an Steuern, als sie über das Grundeinkommen einnehmen.

Schon jetzt schlägt jeder Verkäufer seine eigene Steuerbelastung auf den Warenpreis auf. Neben der gegenwärtigen ausgewiesenen Mehrwertsteuer haben wir dadurch in den Preisen schon jetzt einen erheblichen versteckten Steueranteil enthalten. Die reine Konsumsteuer vereinheitlicht alle jetzigen im Preis versteckten Steuern und setzt gleich beim Endpreis an. Sie ist dadurch transparent und einfach zu handhaben. Steuerberater wären überflüssig. Zusätzlich könnte man Luxusgüter anders besteuern als Güter des alltäglichen Bedarfs.

Heute wird Einkommen aus menschlicher Arbeit mit hohen Steuern und Abgaben belastet, während Maschinenarbeit bisher weder richtig besteuert wird, noch Beiträge zur Finanzierung der Renten- und Gesundheitssysteme auf sie erhoben werden. Die Maschinen leisten also gewissermaßen Schwarzarbeit, während doch gerade durch sie viele Menschen erwerbslos werden. Dadurch ist der Preis für maschinelle Produkte in den letzten Jahren unnatürlich niedrig gesunken, während er für menschliche Arbeit, also Dienstleistungen gestiegen ist. Reguläre häusliche Pflegekräfte etwa sind für viele unbezahlbar.

Durch eine Konsumsteuer gäbe es einen Ausgleich der steuerlichen Belastungen: **Die Preise für menschliche Arbeit würden sinken** und die Preise für maschinelle Arbeit steigen, da der Steueranteil für beide Bereiche gleich hoch ist.

Damit eine reine Konsumsteuer für ein Land keinen Nachteil auf dem Weltmarkt darstellt, müsste sie so geregelt werden, dass das Ausland, wenn es Waren aus dem Inland kauft, die Konsumsteuer nicht bezahlen muss. Dagegen würden ausländische Güter, die vom Inland gekauft werden, so behandelt, als ob sie im Inland hergestellt worden wären; das heißt, auf sie würde wieder die Konsumsteuer entfallen. Diese Regelung wäre also wettbewerbsneutral.

Heute ist es dagegen so: Wenn das Ausland unsere exportierten teuren Produkte kauft, finanziert es unsere hohen Sozialstandards mit, während wir vom Ausland gerade deshalb so billig einkaufen können, weil dort unter niedrigsten Sozialstandards zu Hungerlöhnen produziert werden kann.

Ende 2015 hat Finnland die Einführung eines Grundeinkommens für mindestens 10000 Probanden beschlossen.

Schlussbetrachtung

Im Laufe der Geschichte sind die wirklich fundamentalen Veränderungen in einer Gesellschaft nie durch Regierungsbeschlüsse oder Kriege herbeigeführt worden, sondern vielmehr dadurch, dass eine große Zahl von Menschen ihre innere Einstellung veränderte – manchmal auch nur ein kleines bisschen.

Willis Harman, in «Bewusst-Sein im Wandel»

Ein zinsfreies Geld, eine Bodenreform, ein bedingungsloses Grundeinkommen – all dies umzusetzen, erscheint utopisch. Wir sind es schon gewohnt, dass die Regierenden die Interessen der Großkonzerne, der Banken und des Geldadels nicht durch grundlegende Systemreformen zu gefährden bereit sind. Wir sind es gewohnt, dass ihre Interessen in der Öffentlichkeit mit den Interessen der Allgemeinheit gleichgesetzt werden; dass Menschen, die grundlegende Reformen anstreben, anscheinend immer nur radikale Staatsfeinde oder realitätsferne Träumer sind. Wir sind es gewohnt zu glauben, dass unser System alternativlos sei, weil sich alle Alternativen schon längst als unsozial oder unrealistisch erwiesen hätten. Und wir sind es gewohnt zu glauben, dass eine verschärfte Kontrolle der Banken, mehr marktwirtschaftlicher Wettbewerb und ansonsten ein Heraushalten des Staates aus wirtschaftlichen Belangen ausreichen, um soziale Gerechtigkeit herzustellen und unser System zu retten. Denn der Großteil der Wirtschaftswissenschaftler und der Medien stellt es nicht anders dar und formt die Meinungen der Mehrheit dahingehend, dass grundlegende Reformen an der demokratischen Zustimmung selbst ihrer potenziellen Profiteure zu scheitern drohen.

Doch unsere Wirtschaftskrise wird sich ausweiten und dazu führen, dass die Fehler unseres Systems mehr und mehr durchschaut werden. Sie wird dazu führen, dass die Mehrheit erkennt, dass die wichtigsten politischen Konfliktlinien nicht zwischen Religionen, Kulturen und Staaten verlaufen, sondern zwischen den wenigen Profiteuren des Systems und der übrigen Bevölkerungsmehrheit weltweit. Sie wird dazu führen, dass die Mehrheit nicht mehr bereit ist, Parteien zu wählen, die weitermachen wollen wie bisher und dass Alternativen im größeren Rahmen und vorbehaltloser diskutiert werden.

Jetzt ist das für uns vielleicht noch unvorstellbar. Doch die Wirtschaftskrise wird leider – wenn nicht schon vorher gehandelt wird – ein Ausmaß erreichen, das wir uns jetzt ebenfalls noch nicht vorstellen können. Und so werden entsprechend auch die Rahmenbedingungen und das kollektive Bewusstsein durch die erlittene Krise gewandelt werden und Raum für Neues schaffen.

Dass heute mafiöse Strukturen die Demokratie gefährden,[157] konnte sich nur auf der Basis eines Finanzsystems entwickeln, in dem die Geldmacht ungezügelt anwachsen konnte, denn ökonomische Macht wird immer zur politischen Macht. So mag es heute noch so erscheinen, als ob die Politik generell zu korrumpiert oder eingeschüchtert ist, um die wirklichen Interessen des Volkes durchzusetzen.

Schafft es jedoch die Bevölkerung, die Krise als Chance zu nutzen und über demokratisch gewählte Regierungen ein neues Geldsystem einzuführen, so wird sich auch die Politik langfristig ändern. Wenn nämlich die Anhäufung von Geld nicht mehr wie heute im abnormen Maße möglich ist, gibt es auch keine derartige Geldmacht mehr, die Politik und Medien korrumpieren kann. Unter diesen Voraussetzungen können dann auch leichter Schritt für Schritt weitere Reformen umgesetzt werden, wie zum Beispiel eine Bodenreform oder auch politische Reformen wie die Einführung direktdemokratischer Mitbestimmungsrechte.

Vielleicht wäre ein erster Schritt auch die Einführung eines Grundeinkommens, der Anstoß für weitere nötige Reformen gibt. Wenn die Menschen keine Existenzängste mehr haben, spielen sie auch nicht mehr so leicht das Spiel der Mächtigen mit und engagieren sich eher für weitere Reformen.

Auf jeden Fall kann ein erster Schritt viel verändern.

Fußnoten

1 Ausgeschrieben circa 23 900 000 000 000 000 000 000 000 000 000 000 000 000 Euro. (http://www.carlo-regional.de/35.der josephs-cent-zinsundzinseszins/)
2 Exponentielles Wachstum heißt, dass sich die Ausgangsgröße in gleichen Zeitabschnitten immer um den selben Faktor vermehrt.
3 Ein Beispiel für die Unvorstellbarkeit exponentieller Vermehrung ist auch folgende Rechnung: Was passiert wenn man ein Papier 30-mal faltet, so dass es sich jedes Mal verdoppelt? Der Stapel wäre dann 100 Kilometer lang. Nach 42-mal Falten hätte der Stapel bereits den Mond erreicht! (http://www.focus.de/wissen/weltraum/erstaunliche-mathematik-wenn-sie-ein-blatt-papier-103-mal-falten-wird-es-so-dick-wie-das-universum_id_4046938.html)
4 http://www.spiegel.de/wirtschaft/soziales/weltkarte-der-staatsinsolvenzen-diese-laender-waren-schon-mal-pleite-a-813253.html
Spanien hatte bis Ende des 19. Jahrhunderts sogar 13 Staatsbankrotte zu verzeichnen, bei denen es seine Schulden stornierte. Oft verringerten die Staaten ihre Schulden auch durch eine drastische Verringerung des Geldwertes, indem sie das Geld inflationieren ließen. (http://ef-magazin.de/2010/05/07/2094-staatsbankrott-ist-nicht-aussergewoehnlich-aderlass-schlechte-muenzen-und-kanonenboote)
5 Wörtlich hieß es in der Bildzeitung vom 27. Juli 1990 angesichts der Heirat von Susanne Quandt mit Jan Klatten: «Er hat schließlich im Nobel-Ort Kitzbühl ein scheues Mädchen geheiratet, das alleine an Zinsen täglich über 650 000 Mark verdient.»
6 http://www.forbes.com/billionaires/#version:static_tab:women
7 https://www.bundesbank.de/Redaktion/DE/Themen/2013/2013_07_10_was_vom_sparen_uebrig_bleibt_private_vermoegen_in_deutschland.html
8 Dies ist der durchschnittliche Zinssatz, der im Lauf der Geschichte bezahlt wurde.
9 Beispiel nach Margrit Kennedy: Geld ohne Zinsen und Inflation.

Ein Tauschmittel, das jedem dient. Goldmann 1994. S. 24.

10 http://www.helmut-creutz.de/pdf/grafiken/b/creutz_034.pdf

11 Hier rechnet Helmut Creutz vor, wie er auf dieses Ergebnis kommt: http://www.humane-wirtschaft.de/pdf_z/creutz_zinsanteil-in-preisen_diskussion.pdf
Prof. Margrit Kennedy gibt einen durchschnittlichen Zinsanteil von 50 Prozent an. Quelle: Interview am 17. Mai 2010 mit der Süddeutschen Zeitung: «Kreditnehmer sind die neuen Sklaven». (http://www.sueddeutsche.de/wirtschaft/margrit-kennedy-kreditnehmer-sind-die-neuen-sklaven-1.540544-2)

12 http://www.geldsyndrom.de/Zinsproblem.htm
Denn je länger die Laufzeit von Krediten ist, desto mehr Zinsen werden insgesamt fällig. Und da die Laufzeit von Immobilienkrediten meist lange ist, sind hier die Zinsbelastungen besonders hoch. Durch hohe Mieten kann der verschuldete Hausbesitzer, der ein Haus vermietet, nun seine Schuldzinsen abbezahlen.

13 Quelle der Grafik: http://www.helmut-creutz.de/pdf/grafiken/e/creutz_059.pdf

14 https://www.bpb.de/nachschlagen/zahlen-und-fakten/soziale-situation-in-deutschland/61769/einkommensverteilung

15 Jean Ziegler in: Stuttgarter Zeitung, 27. Mai 2004, S. 29.

16 UNDP, Bericht über die menschliche Entwicklung 1999, S. 4.

17 http://www.spiegel.de/wissenschaft/mensch/heutiges-ackerland-koennte-vier-milliarden-menschen-mehr-ernaehren-a-914457.html

18 UN-Sonderbeauftragter Jean Ziegler in: Der Standard, 15. Oktober 2004.

19 Vincent C. Vickers: Wirtschaft als Drangsal. Zitzmann 1938.

20 Ein anderes Beispiel zeigt ebenfalls die Möglichkeiten einer Mehrfachverwendung von Geld auf: Eine Person A hat fünf Euro (für das Beispiel ist es egal, woher sie dieses Geld hat). Sie geht damit zu Person B und sagt: «Ich schulde dir noch zehn Euro, hier zahle ich dir schon mal fünf zurück.» B geht zu Person C, bei der sie ebenfalls zehn Euro Schulden hat und sagt auch: «Hier zahle ich dir schon mal fünf zurück.» C hat zehn Euro Schulden bei D und zahlt an D die Hälfte zurück. Und genauso handelt D bei E. Person E schuldet nun wiederum Person A zehn Euro und zahlt ebenfalls fünf Euro an sie zurück. Nun kann A die restlichen Schulden bei B tilgen, B begleicht sie bei C, und so weiter, bis

Person A am Schluss ihre fünf Euro wieder hat und alle Schulden durch den Mehrfachumlauf getilgt sind.

21 Es ist umgekehrt, dass nämlich Inflation tendenziell zu einer höheren Geldumlaufgeschwindigkeit führt.

22 Der Müller ist willkürlich gewählt, es könnte jeder andere auch sein.

23 Da ohne Geld nicht gewirtschaftet werden kann, sieht es von außen nun so aus, als ob der Müller mit seinem Darlehen die Wertschöpfung erst möglich gemacht hat, die statt findet, nachdem das Geld von der Bank verliehen wurde. Dies lässt einen gewissen Anteil des Darlehensgebers an dieser Wertschöpfung gerechtfertigt erscheinen. Tatsächlich aber vermehrt er diese Werte genauso wenig wie jemand, der seinem Nachbarn Werkzeug zum Bau eines Hauses leiht.

24 Bei der Münzverschlechterung wurde der Edelmetallanteil von Münzen durch Streckung mit weniger wertvollen Materialien verringert, bei Beibehaltung des gleichen Nennwertes der Münze.

25 Die Zinsen, zu denen Zentralbanken Geld an die Geschäftsbanken verleihen, sind die *Leitzinsen.*

26 Mit «Geschäftsbank» sind, in Abgrenzung zur Zentralbank, die «normalen» Banken gemeint, die Bankgeschäfte für Privat- und Firmenkunden anbieten. Im Weiteren werden sie hier meistens nur als «Banken» bezeichnet.

27 Als Pfand benutzt werden können zum einen Sachwerte wie Gold, zum anderen aber auch Werte wie Aktien, Devisen und Anleihen.

28 http://www.bundesbank.de/Redaktion/DE/Reden/2012/2012_10_10_weidmann_bargeldsymposium.html?nsc=true&nn=87798&view=render

29 https://de.wikipedia.org/wiki/Buchgeld

30 Bilanz 2010 der Deutschen Bank, Commerzbank und BayernLB.

31 Horst Seiffert meint dazu: «Dieser Irrglaube wird von den Banken aufrecht erhalten, um ihre Vorteilsnahme infolge der Giralgeldschöpfung zu verschleiern.» Horst Seiffert: Geldschöpfung. Die verborgene Macht der Banken. Verlag Horst Seiffert 2012. S. 156.

32 Die Bundesbank schreibt: «Tatsächlich wird bei der Kreditvergabe durch eine Bank stets zusätzliches Buchgeld geschaffen. Die weit verbreitete Vorstellung, dass eine Bank 'auch altes, schon

früher geschöpftes Buchgeld, z.B. Spareinlagen, weiterreichen' (könne), wodurch die volkswirtschaftliche Geldmenge nicht erhöht wird, trifft nicht zu.» Quelle: http://www.bundesbank.de/Redaktion/DE/FAQ_Listen/faq_zum_thema_geldschoepfung.html?docId=322134#322134

33 Thomas Betz: Geldschöpfung, Vollgeld und Geldumlaufsicherung. In: Zeitschrift für Sozialökonomie 180-181 2014. S. 41.

34 Prof. Bernd Senf: Bankgeheimnis Geldschöpfung. April 2009, S. 15. (www.berndsenf.de). Deshalb sagen Kritiker oft (auch viele Zinskritiker), es gäbe keine Geldschöpfung aus dem Nichts. Sie verweisen auf Bankbilanzen und übersehen, dass die vergebenen Kredite als «Einlagen» bilanziert werden. Zur Bilanzierung der Banken siehe: http://www.horstseiffert.de/tefg/ist-die-bilanz-einer-bank-nur-eine-bestandsaufnahme.html

35 Oft wird geglaubt, eine Mindestreserve von zum Beispiel einem Prozent bedeute, dass die Banken von einer Spareinlage von 100 Euro einen Euro behalten müssen, während sie 99 Euro weiterverleihen dürfen. Dies ist jedoch falsch, da Spareinlagen nicht weiterverliehen werden. So ist auch die Theorie der multiplen Geldschöpfung irrelevant. Siehe dazu: http://www.berndsenf.de/pdf/Und%20sie%20gibt%20es%20doch%20Die%20Geldschoepfung%20der%20Banken%20aus%20dem%20Nichts.pdf
Zur ausführlichen Behandlung und Entkräftung der Theorie der multiplen Geldschöpfung siehe auch: http://www.um-bruch.net/uwiki/index.php?title=Chester_Arthur_Phillips

36 Zentralbankgeld: Von der Zentralbank herausgegebenes Geld in Form von Bargeld oder Giralgeld. Das Zentralbankgeld in Form von Giralgeld wird nur als Zahlungsmittel zwischen den Geschäftsbanken und der Zentralbank verwendet.

37 http://www.bundesbank.de/Redaktion/DE/FAQ_Listen/faq_zum_thema_geldschoepfung.html?docId=175748#175748

38 http://www.sciencedirect.com/science/article/pii/S1057521914001070

39 Joseph Huber: Monetäre Modernisierung. Zur Zukunft der Geldordnung. Metropolis 2010. S. 26.

40 Ebenda, S. 53.

41 Prof. Joseph Huber schreibt: «Man kann daraus schlussfolgern, dass die heutigen Leitzinsrituale überwiegend einen Mythos dar-

stellen. Vordergründig geben sie Gelegenheit, Unruhe und damit Umsätze an den Finanzmärkten zu generieren. Verdeckt bleiben die eigentlichen Gegebenheiten – dass nämlich die Prärogativen der Geldschöpfung und der Seigniorage [= Gewinn aus der Geldschöpfung] im Verlauf des letzten Jahrhunderts sehr weitgehend auf die Banken übergegangen sind.» (http://vollgeld.de/vollgeld-in-der-kritik)
Auch Wirtschaftsprofessor Richard Werner sagt, es gäbe keine Belege dafür, dass der Leitzins eine Wirkung auf die Wirtschaft hätte: https://youtu.be/aHLFT4TjgZc

42 Banken können sich zum Beispiel mit aus dem Nichts geschöpftem Geld Wertpapiere kaufen, die dann bei Gewinn die Eigenkapitalquote erhöhen. (Seiffert, Geldschöpfung, S.88.) Zu weiteren Tricks der Banken siehe ebenda, S. 102 ff.

43 http://www.bundesbank.de/Redaktion/DE/Standardartikel/Service/Schule_und_Bildung/geldschoepfung.html?notFirst=true&docId=147694#doc147694bodyText4

44 http://www.horstseiffert.de/tefg/images/dokumente/kooperative-Geldschoepfung.pdf

45 Seiffert, Geldschöpfung, S. 44.

46 Prof. Franz Hörmann: Argumente gegen die Möglichkeit eines wirtschaftlichen Schadens von Banken bei Kreditausfällen aufgrund der buchtechnischen Giralgeldschöpfung (http://geldhahn-zu.de/wissen-ist-macht/download-pdf/kov_fh_giralgeldschoe pfung-und-kreditausfaelle). Prof.Hörmann war im Juli 2013 beauftragt worden, ein Privatgutachten für ein Verfahren vor einem deutschen Gericht auszuarbeiten, bei dem es um die Frage ging, inwieweit Kreditausfälle angesichts der Giralgeldschöpfung einen Schaden für die Banken verursachen, und kam zu dem erwähnten Ergebnis.

47 «Es kann auf dem Finanzmarkt passieren was will, es gibt neben den Verliererbanken immer genauso viele Gewinnerbanken.» Seiffert, Geldschöpfung, S. 106.

48 Ebenda, Kapitel 2.5.

49 http://www.bundesbank.de/Redaktion/DE/FAQ_Listen/faq_zum_thema_geldschoepfung.html?docId=175750#175750

50 Zur genauen Erläuterung, wie trügerisch die Bankbilanzen sind, sei hier ausdrücklich auf das Buch «Geldschöpfung – die verborgene Macht der Banken» von Horst Seiffert verwiesen. Siehe

auch: http://www.horstseiffert.de

51 http://www.horstseiffert.de/tefg/abschreibungen-machen-vorteilsnahmen-rueckgaengig.html

52 Seiffert, Geldschöpfung, S. 110.

53 http://www.bundesbank.de/Redaktion/DE/FAQ_Listen/faq_zum_thema_geldschoepfung.html?docId=175750#175750

54 http://www.bundesbank.de/Redaktion/DE/FAQ_Listen/faq_zum_thema_geldschoepfung.html?docId=175754#175754

55 http://www.horstseiffert.de/tefg/wesshalb-kommt-es-zu-bankzusammenbruechen.html

56 Wie einige Bankengruppen andere bewusst pleite gehen ließen: Siehe: Seiffert, Geldschöpfung, S. 141.

57 Ebenda, S. 40.

58 Huber, Monetäre Modernisierung, S. 71.

59 Ebenda, S. 70.

60 Eine andere Möglichkeit, wie Banken Kunden dazu bringen, ihr Geld bei ihnen zu belassen, ist der Verkauf von Wertpapieren, wodurch ebenfalls die Einzahlungen bei einer Bank ansteigen. (Seiffert, Geldschöpfung, S. 140.)

61 Nur aus volkswirtschaftlicher Sicht fehlt hier die Mehr-Leistung, die zur Deckung des Konsumkredites notwendig ist. Individuell gesehen ist es freilich gerechtfertigt, wenn jemand einen Kredit durch sein regelmäßiges Einkommen zurückzahlt.

62 Darüber hinaus ist es so, dass sich ein Geldmengenwachstum generell nicht so schnell auf die Preise für Artikel des täglichen Bedarfs auswirkt. Würde etwa die Geldmenge in Deutschland mit einem Schlag verdoppelt werden, würden die Menschen deshalb zum Beispiel nicht mehr Milch trinken und kaufen. Dies ist ein Beispiel für einen gesättigten Markt, auf den sich ein Geldmengenwachstum nicht so rasch preistreibend auswirkt. Dies geschieht in unserem Beispiel erst dann, wenn die Preissteigerung, die das Geldmengenwachstum in anderen Bereichen hervorruft, die Milchproduzenten allgemein belastet. Dann werden diese durch eine Erhöhung des Milchpreises die Verluste durch die Geldentwertung wieder auszugleichen versuchen.

63 Hundertprozentig ist dies nicht der Fall, denn das Geld, das Banken erzeugen, um sich Vermögenswerte zu kaufen, kommt, wie schon erwähnt, ausnahmsweise nicht als Kredit in die Welt.

64 (http://geldhahn-zu.de/kampagnen/the-elephant-in-the-room)

Zur juristischen Bewertung der heutigen Geldschöpfung siehe auch: http://www.vollgeld.de/rechtsfragen-der-geldordnung

65 Man beachte, dass Worte, mit denen wir Geld und Währung bezeichnen wie Liquidität (von *liquidus*, flüssig) oder Currency (das Strömende) auf genau diese Qualität des Geldes hinweisen.

66 Das Umlageverfahren trägt der Tatsache Rechnung, dass in einer Volkswirtschaft kein Mensch für sich allein existieren kann, dass vielmehr alle über Kauf und Verkauf von Produkten und Dienstleistungen miteinander verbunden sind und real *füreinander* arbeiten – und nicht jeder für sich selbst.

67 Es gibt die Theorie, dass das Geld zum Bezahlen aller Zinsen gar nicht vorhanden sei, weil mehr Zinsen verlangt würden als eigentlich Geld erzeugt wurde. In Anbetracht der Tatsache, dass die Banken ja noch zusätzliche Gelder in Umlauf bringen, die nicht als Kredit erzeugt wurden und somit nicht zinsbelastet sind, stimmt diese Theorie nicht. Doch auch wenn es diese zusätzliche Geldschöpfung der Banken nicht gäbe, stimmt diese Theorie nicht in dem Fall, wo Geld nach der Rückzahlung zur Mehrfachverwendung zur Verfügung steht.

68 http://www.bundesfinanzministerium.de/Content/DE/Monatsberichte/2015/04/Inhalte/Kapitel-5-Statistiken/5-1-12-entwicklung-der-staatsquote.html

69 https://www.mtholyoke.edu/courses/dvanhand/friedrich/arbeitslosigkeit.html

70 Zwar zahlen die Vermögenden auch Steuern. Doch nehmen sie mehr Zinsen ein als sie Steuern ausgeben. Darauf kann man schließen, weil alles, was der Staat über die Erbschaftsteuer, die Grundsteuer, die Gewerbesteuer, die veranlagte Einkommenssteuer, die Körperschaftssteuer und die Kapitalertragsteuer zusammen einnimmt, weniger Geld ist, als er an Zinsen für die Gläubiger bezahlt. Dies sind nämlich die Steuern, die in der Regel von Wohlhabenderen gezahlt werden. Quelle: http://www.zeit.de/2004/21/Verteil__Effekte

71 http://www.steuerzahler.de/Verschuldung/7688c8973i1p477/

72 Adam Smith: An Inquiry into the Nature and Causes of the Wealth of Nations. London 1776, 5. Buch 3. Kapitel.

73 https://www.bundesbank.de/Redaktion/DE/Themen/2013/2013_07_10_was_vom_sparen_uebrig_bleibt_private_vermoegen_in_deutschland.html

74 www.merkur.de/wirtschaft/schulden-deutschland-fast-jeder-zehnte-buerger-ueberschuldet-zr-2740822.html

75 https://www.destatis.de/DE/ZahlenFakten/GesamtwirtschaftUmwelt/VGR/Inlandsprodukt/Tabellen/Volkseinkommen1925_pdf.pdf?__blob=publicationFile

76 Volker Hauff: Argumente in der Energiediskussion – Expertengespräch Reaktorsicherheitsforschung. Neckar Verlag 1980.

77 Joachim Jahnke: Grafikdatenbank, Abb. 03035. (www.jjahnke.net)

78 http://www.horstseiffert.de/tefg/ist-die-bilanz-einer-bank-nur-eine-bestandsaufnahme.html

79 Wenn die Zinsen noch einmal ansteigen werden, dann nur im Rahmen einer Inflation, in der das Schuldenmachen lukrativ wird, weil mit der Geldentwertung auch die Schulden entwertet werden.

80 http://www.faz.net/aktuell/finanzen/devisen-rohstoffe/schweizer-anleger-negativzins-mit-bargeld-horten-entgehen-13574453.html

81 http://deutsche-wirtschafts-nachrichten.de/2015/03/31/schweizer-pensions-kassen-fluechten-wegen-negativ-zinsen-ins-bargeld/

82 http://www.bankofengland.co.uk/publications/Documents/quarterlybulletin/qb120306.pdf

83 Ebenda.

84 Auch das jetzige Anleihenkaufprogramm ist juristisch umstritten, was EZB-Chef Mario Draghi nicht daran hinderte, damit zu starten. Die Tatsache, dass Draghi das erzeugte Geld nicht wirksamer und gerechter verteilt, zeigt wohl eher die Interessensverflechtung der EZB mit den nun Begünstigten.

85 Wie durch Kreditvergabe Macht auf Staaten ausgeübt wird, kann man zum Beispiel eindrücklich nachlesen bei John Perkins: Unterwegs im Dienst der Wirtschaftsmafia. Goldmann 2007.

86 Steffen Wippel: Theorie und Praxis islamischen Wirtschaftens. In: Zeitschrift für Sozialökonomie, Nr 132, 2002. (http://www.sozialoekonomie-online.de)
Auch die Nazis haben im übrigen am Zinssystem nichts geändert, obgleich sie die Parole «Brechung der Zinsknechtschaft» nutzten.

87 Siehe Hans Weitkamp: Das Hochmittelalter – ein Geschenk des Geldwesens. HMZ Verlag 1983. Vor der Zeit des Brakteatengeldes hatte Geld in ganz Europa durch die Seltenheit der Münzmetalle und die bäuerliche Lebensweise keine bedeutende Rolle

gespielt. Dadurch stagnierte zwar die wirtschaftliche und kulturelle Entwicklung, andererseits aber entstand keine Gefahr von Verschuldungskrisen. Yoshito Otani: Die Bodenfrage und ihre Lösung. Arrow Verlag 1981. S. 19.

88 Hans Weitkamp, Das Hochmittelalter, S. 61.

89 Fritz Schwartz: Das Experiment von Wörgl: Ein Weg aus der Wirtschaftskrise. Synergia 2007.

90 Franz Fischer: Das Schwundgeld von Schwanenkirchen. In: Hengersberger Heimatblätter Nr. 5, 1999.

91 Kennedy, Margrit / Litaer, Bernd: Regionalwährungen. Neue Wege zu nachhaltigem Wohlstand. Riemann 2004. S. 170 ff.

92 https://de.wikipedia.org/wiki/Fureai_Kippu

93 Kennedy / Litaer, Regionalwährungen, S. 46 ff.

94 http://www.welt.de/wissenschaft/article112346452/Katze-Saeure-Hitze-Was-der-Euro-ueberleben-muss.html

95 Voraussetzung dafür ist die Einführung eines Vollgeldsystems (siehe das Kapitel über die Vollgeldreform). Denn Giralgeld kann nur dann vom Staat einer Umlaufgebühr unterworfen werden, wenn es staatliches Geld ist.

96 Auch dafür ist die Einführung eines Vollgeldsystems Voraussetzung, da die Banken im heutigen System die Spargelder nicht weiterreichen.

97 Nach Udo Hermannstorfer: Scheinmarktwirtschaft. Arbeit, Boden, Kapital und die Globalisierung der Wirtschaft. Verlag Freies Geistesleben 1997. S. 199 ff.

98 Matthias Weik / Marc Friedrich: Der größte Raubzug der Geschichte. Warum die fleißigen immer ärmer und die Reichen immer Reicher werden. Bastei Lübbe 2012. S. 149. Berechnungen zufolge schadet eine solche Steuer den Kleinsparern nicht. Ebenda.

99 Die sogenannte Tobin-Steuer, benannt nach dem US-Wirtschaftswissenschaftler James Tobin.

100 Ein freier Wechselkurs bedeutet, dass der Preis, den man für eine andere Währung zahlen muss, nur von Angebot und Nachfrage bestimmt wird und nicht staatlicherseits festgelegt wird.

101 Die Reform wird hier dargestellt nach dem Vorschlag des Vereins «Monetative e.V.»: http://www.monetative.de

102 Weik / Friedrich, Der größte Raubzug der Geschichte, S. 31. Spareinlagen können dagegen auch in einem Vollgeldsystem

gefährdet sein, wenn die Bank in eine Schieflage oder Pleite gerät, da sie hier ja verliehen werden. Eine gewisse Absicherung von Kapitaleinlagen kann insofern weiterhin zu empfehlen sein.

103 Auch heute ist die Europäische Zentralbank eine von der Regierung unabhängige staatliche Institution. Doch solange das Giralgeld der privaten Banken vorherrscht, kann sie kaum Macht ausüben.

104 Joseph Huber / James Robertson: Geldschöpfung in öffentlicher Hand: Weg zu einer gerechten Geldordnung im Informationszeitalter. Gauke 2008. S. 14.

105 Der Geldeinzug sollte über eine Steuer geschehen, die möglichst alle Wirtschaftsteilnehmer gleichermaßen trifft; dies ist eine Mehrwertsteuer. Siehe dazu das letzte Kapitel im Abschnitt über das Grundeinkommen.

106 Kris Kunst: Direkte Staatsfinanzierung als Grundlage für ein Primat der Politik. In: Akademie Solidarische Ökonomie (Hrsg.): Das dienende Geld. Die Befreiung der Wirtschaft vom Wachstumszwang. oekom verlag 2014. S. 144 f.

107 Zum Beispiel für Prof. Joseph Huber. (Ders.: Vollgeld: Beschäftigung, Grundsicherung und weniger Staatsquote durch eine modernisierte Geldordnung. Duncker & Humblot 1998. S. 390.)

108 Was die Sicherheit von elektronischen Systemen betrifft: Hier muss jedes neue Mitglied auf richtige Datenangaben überprüft werden und Benutzername, Passwort und E-Mail-Bestätigung angeben, um sich anzumelden. Wie sicher diese Systeme vor Angriffen geschützt sind, hängt davon ab, wie aufwendig das System gestaltet wird. Bei Installierung der höchsten Sicherheitsstandards ist ein solches System nicht unsicherer als das heutige Online-Banking oder das Bestellen und Abrechnen über das Internet, was beides mittlerweile ja schon lange mit Erfolg und Selbstverständlichkeit genutzt wird.

109 Kennedy / Litaer, Regionalwährungen, S. 113 f.
Initiativen, die einen WIR-Ring in Deutschland einführen wollten, waren nicht erfolgreich, da hier zur Gewährung von Krediten und zur Annahme von Guthaben im kommerziellen Bereich eine Banklizenz erforderlich ist. Deswegen könnte dieses Modell hier nur in Zusammenarbeit mit einer lokalen Bank durchgeführt werden. Jedoch sind auch legale Zwischenformen ohne Bank möglich, siehe: Ebenda, S. 115.

110 http://www.rheingoldregio.de
111 Gustav Ruhland: System der politischen Ökonomie, Band 3. Puttkammer & Mühlbrecht 1908.
112 Siehe auch: Hermannstorfer, Scheinmarktwirtschaft, S. 28 f.
113 http://www.fr-online.de/wirtschaft/maechtige-konzerne-147-unternehmen-kontrollieren-die-welt,1472780,11055250.html
114 Alfie Kohn: No contest. The Case against Competition. Why we lose in out race to win. Houghton Mifflin Company 1986/1992.
115 Christian Felber: Gemeinwohlökonomie. Das Wirtschaftsmodell der Zukunft. Deuticke 2010.
116 Näheres zum kooperativen Wirtschaften siehe: Herrmannstorfer, S. 75 ff.
117 Felber, Gemeinwohlökonomie, S. 24 f.
118 Ebenda, S. 28.
119 Harald Bender: Der Umbau der Finanzsysteme. In: Akademie Solidarische Ökonomie (Hrsg.): Das dienende Geld, S. 75 ff.
120 Felber, Gemeinwohlökonomie, S. 30 f.
121 Siehe Ebenda, S. 53.
122 Pietro Archiati: Macht oder Menschlichkeit. Geld und Geist in der Weltwirtschaft. DreiEins Verlag 2000. S. 128.
123 Ebenda, S. 127.
124 Richard Wilkinson: Die Mittelklasse irrt. Interview in: Die Zeit, 26. März 2010.
125 Beispiele nach Felber, Gemeinwohlökonomie, S. 77.
126 Ohnehin tragen Aktien nur wenig oder gar nichts zur Finanzierung von Unternehmen bei: In den USA etwa haben Aktiengesellschaften in den 1990er Jahren mehr Geld an die Aktienkäufer in Form von Dividenden ausgezahlt, als sie selber Geld von diesen erhalten haben. In Frankreich glich sich beides gerade einmal aus. Lordon Frédéric: Ein Würfelbecher namens Börse. Alle halten Aktienmärkte für nützlich und unentbehrlich, aber das ist ein Mythos. In: Le Monde diplomatique, 16. 2. 2010.
127 Harald Bender: Der Umbau der Finanzsysteme. In: Akademie Solidarische Ökonomie (Hrsg.): Das dienende Geld, S. 88.
128 Ebenda, S. 96.
129 Beschluss vom 12.1.1967 (I BvR 169/63).
130 Ben B. Seligman: Sie kauften sich Amerika. Kindler Verlag 1971. S. 72.
131 Statistisches Bundesamt: Fachserie 17, Reihe 5, 2013.

Dasselbe: Durchschnittliche Bruttomonatsverdienste, 2013.

132 Der Grund, dass die Immobilieneigentümer zunächst einmal nur auf dem Papier Vermögende sind, liegt darin, dass der aktuelle Marktwert von Immobilien immer nur durch das aktuelle Angebot an Immobilien bestimmt wird; und freilich wird immer nur ein Bruchteil der vorhandenen Immobilien gerade zum Verkauf angeboten. Wenn alle Immobilienbesitzer den aktuellen Marktpreis auf einmal für sich in Anspruch nehmen und ihre Immobilie zum Verkauf anbieten wollten, fielen die Preise in den Keller und es käme zu einem Crash. Der offizielle Bodenwert ist also nicht für alle real einlösbar. Er ist generell nur so lange einlösbar, solange der soziale Organismus noch gesund ist, solange die Vermögensverteilung also noch nicht zum Kollaps von Wirtschaft und Gesellschaft geführt hat.

133 Reform nach Herrmannstorfer: Scheinmarktwirtschaft. S. 99 ff.

134 Ebenso sollten real geleistete, nachgewiesene Kosten entschädigt werden, die zur Instandhaltung oder Verbesserung eines Stück Lands aufgewendet worden sind.

135 Udo Herrmannstorfer, Scheinmarktwirtschaft. S. 107 ff.

136 So schlägt es Udo Herrmannstorfer vor. Ebenda, S. 109.

137 Wenn man von einem Zinssatz von fünf Prozent und einer jährlichen Tilgungsrate von 1,5 Prozent ausgeht. Ebenda, S. 110.

138 Zu weiteren Einzelheiten über die Umsetzung einer rechtsstaatlichen Bodenreform sei ausdrücklich auf Udo Hermannstorfers Buch «Scheinmarktwirtschaft» verwiesen.

139 Hans-Peter Martin/Harald Schumann: Die Globalisierungsfalle. Der Angriff auf Demokratie und Wohlstand. Rowohlt 1999. S 12.

140 J. Rifkin: Das Ende der Arbeit und ihre Zukunft. Fischer 2005.

141 http://www.macro.economics.uni-mainz.de/123.php?folder=Lehre%2FWS1011%2FMakroI&file=Kapitel_10_BW.pdf

142 .http://www.spiegel.de/wirtschaft/soziales/studie-realloehne-sind-seit-1990-um-bis-zu-50-prozent-gesunken-a-670474.html

143 Statistisches Bundesamt: Volkswirtschaftliche Gesamtrechnungen, Fachserie 18, Reihe 1.5, 2015.

144 Deswegen ist es übrigens auch nicht wahr, dass die zukünftigen Renten durch den Geburtenrückgang in Gefahr sind. Die Einnahmen der Rentenkasse hängen nämlich vor allem von der Arbeitsmarkt- sowie der Lohn- und Gehaltsentwicklung ab. Denn je mehr die beitragspflichtigen Personen verdienen, desto mehr zah-

len sie auch in die Rentenkasse ein. Anders ausgedrückt: Das «Einkommen» jedes Menschen, vom Kind bis zum Greis, stammt allein aus der Gesamtwirtschaftsleistung. Wenn nun die Anzahl der Menschen abnimmt, aber die Wirtschaftsleistung insgesamt zunimmt, konstant bleibt oder in der selben Relation abnimmt, dann sind damit für niemanden zwangsweise Einkommenskürzungen verbunden. Entscheidend ist nur, wie viel Reichtum die Volkswirtschaft erzeugt und auf wen er verteilt wird.
Professor Dr. Christoph Butterwegge meint, man könne vermuten, dass die demografische Entwicklung deshalb dramatisiert wird, um auf diese Weise die Maßnahmen zur Umverteilung des gesellschaftlichen Reichtums zu legitimieren. «Generationengerechtigkeit» sei zu einem politischen Kampfbegriff geworden, der von vermehrter sozialer Ungleichheit innerhalb jeder Generation ablenkt. Quelle: Prof. Dr. Christoph Butterwegge: Zwischen der sozialen Wirklichkeit und ihrer öffentlichen Wahrnehmung liegen Welten. Bemerkungen zum demografischen Wandel bzw. zur Notwendigkeit seiner Entdramatisierung anlässlich einer Anhörung im Hessischen Landtag am 10.11.2004 (http://www.nachdenkseiten.de/upload/pdf/butterwegge.pdf).

145 http://www.welt.de/welt_print/wirtschaft/article5786701/Knappes-Agrarland-wird-langfristig-teurer.html

146 Würden wir das absolute Besitzrecht nur auf das Kriterium der gerechten Aneignung bzw. Übertragung der Besitztümer aufbauen, wie es heute gängig ist, dann müsste gerechtfertigt werden, warum die Nachfahren von Bodenbesitzern Privilegien in der Nutzung des Bodens haben sollten; was nicht möglich ist. Hinzu kommt das pure Glück des Geburtsortes, das über das spätere Einkommen maßgeblich mitentscheidet. Eine wohlhabende Person, die in einem Land mit hohem Wohlstandsniveau lebt, kann ihr Einkommen also schon gar nicht dadurch rechtfertigen, dass es einzig das Resultat ihrer eigenen Leistung sei. (Ulrich Steinvorth: Gleiche Freiheit. Politische Philosophie und Verteilungsgerechtigkeit. Oldenbourg Akademieverlag 1999. S. 219.)

147 Ebenda, S. 131.

148 http://www.bignam.org/Publications/BIG_Assessment_report_08b_german.pdf
http://www.utopia.de/blog/allgemeingut/quatinga-velho-bedingungsloses-grundeinkommen-in

149 http://www.lichtwolf.de/artikel.php?id=445&druck=1

150 Diese Auffassung wird dadurch verstärkt, dass die Beiträge für das Sozialeinkommen heute von den Löhnen abgezogen werden.

151 Genauso dürfen auch die Löhne der Arbeitenden nicht als Kosten angesehen werden. Sie müssen als *Anteil* der Arbeitenden an der Wertschöpfung angesehen werden, der diesen von Anfang an gleichberechtigt zusteht.

152 http://kulturrisse.at/ausgaben/032009/oppositionen/raeume-moeglicher-anerkennung

153 Spiegel online vom 30,11.2009: http://www.spiegel.de/wirtschaft/soziales/0,1518,664205,00.html

154 http://www.welt.de/wirtschaft/article6690838/Nur-vier-von-zehn-Frauen-leben-von-eigener-Arbeit.html

155 Siehe Werner Rätz / Dagmar Paternoga / Werner Steinbach: Grundeinkommen: bedingungslos. VSA-Verlag Hamburg 2005. S. 87.

156 Tagesspiegel vom 21.7.2006: http://www.tagesspiegel.de/politik/art771,2158500

157 In der TV-Sendung «Pelzig unterhält sich» vom 8. 4. 2010 erfuhr man von Uwe Dolata, Sprecher des Bundes deutscher Kriminalbeamter und Fachmann für Korruption: Mafiöse Strukturen in Politik, Justiz und Wirtschaft sind Realität. Hauptkommissare ermitteln – wenn sie dürfen. Innenminister der Länder haben und nutzen die Möglichkeiten, Ermittlungen gegen privilegierte Wirtschaftskriminelle zu unterbinden. «Es ist schlimmer, als man meint!» (https://www.youtube.com/watch?v=fNePcv94n6Q)

Quellenverzeichnis

Literatur:

Akademie Solidarische Ökonomie (Hrsg.): Das dienende Geld. Die Befreiung der Wirtschaft vom Wachstumszwang. oekom verlag 2014.

Archiati, Pietro: Macht oder Menschlichkeit. Geld und Geist in der Weltwirtschaft. DreiEins Verlag 2000.

Creutz, Helmut: Das Geldsysndrom. Wege zu einer krisenfreien Marktwirtschaft. Wissenschaftsverlag Aachen 2003.

Felber, Christian: Gemeinwohlökonomie. Das Wirtschaftsmodell der Zukunft. Deuticke 2010.

Fischer, Franz: Das Schwundgeld von Schwanenkirchen. In: Hengersberger Heimatblätter Nr. 5, 1999.

Friedrich, Marc / Weik, Matthias: Der größte Raubzug der Geschichte. Warum die fleißigen immer ärmer und die Reichen immer reicher werden. Bastei Lübbe 2012.

Harman, Willis: Bewusst-Sein im Wandel. Phönix Verlag 2002.

Hauff, Volker: Argumente in der Energiediskussion – Expertengespräch Reaktorsicherheitsforschung. Neckar Verlag 1980.

Haußmann, Heinrich: Der Josephspfennig. Fürth 1990.

Hermannstorfer, Udo: Scheinmarktwirtschaft. Arbeit, Boden, Kapital und die Globalisierung der Wirtschaft. Verlag Freies Geistesleben 1997.

Huber, Joseph: Monetäre Modernisierung. Zur Zukunft der Geldordnung. Metropolis 2010.

Huber, Joseph: Vollgeld: Beschäftigung, Grundsicherung und weniger Staatsquote durch eine modernisierte Geldordnung. Duncker & Humblot 1998.

Huber, Joseph/ Robertson James: Geldschöpfung in öffentlicher Hand: Weg zu einer gerechten Geldordnung im Informationszeitalter. Gauke 2008.

Kennedy, Margrit: Geld ohne Zinsen und Inflation. Ein Tauschmittel, das jedem dient. Goldmann 1994.

Kennedy, Margrit / Litaer, Bernd: Regionalwährungen. Neue Wege zu nachhaltigem Wohlstand. Riemann 2004.

Kreutzer, Egon W.: Wolf's wahnwitzige Wirtschaftslehre, Band III: Über das Geld. EWK-Verlag 2005.

Kohn, Alfie: No contest. The Case against Competition. Why we lose in our race to win.» Houghton Mifflin Company 1986/1992.

Martin, Hans-Peter / Schumann, Harald: Die Globalisierungsfalle. Der Angriff auf Demokratie und Wohlstand. Rowohlt 1999.

Martin, Paul C.: Wann kommt der Staatsbankrott. Wirtschaftsverlag 1995.

Otani, Yoshito: Die Bodenfrage und ihre Lösung. Arrow Verlag 1981.

Perkins, John: Bekenntnisse eines Economic Hit Man. Unterwegs im Dienst der Wirtschaftsmafia. Goldmann 2007.

Rätz, Werner / Paternoga, Dagmar / Steinbach, Werner: Grundeinkommen: bedingungslos. VSA-Verlag Hamburg 2005.

Rifkin, Jeremy: Das Ende der Arbeit und ihre Zukunft. Fischer 2005.

Ruhland, Gustav: System der politischen Ökonomie, Band 3. Puttkammer & Mühlbrecht 1908.

Seiffert, Horst: Geldschöpfung. Die verborgene Macht der Banken. Verlag Horst Seiffert 2012.

Seligman, Ben B.: Sie kauften sich Amerika. Kindler Verlag 1971.

Schwartz, Fritz: Das Experiment von Wörgl: Ein Weg aus der Wirtschaftskrise. Synergia 2007.

Smith, Adam: An Inquiry into the Nature and Causes of the Wealth of Nations. London 1776.

Steinvorth, Ulrich: Gleiche Freiheit. Politische Philosophie und Verteilungsgerechtigkeit. Oldenbourg Akademieverlag 1999.

Weitkamp, Hans: Das Hochmittelalter – ein Geschenk des Geldwesens. HMZ Verlag 1983.

Internetquellen:

- http://www.focus.de/wissen/weltraum/erstaunliche-mathematik-wenn-sie-ein-blatt-papier-103-mal-falten-wird-es-so-dick-wie-das-universum_id_4046938.html
- http://www.forbes.com/billionaires/#version:static_tab:women
- https://www.bundesbank.de/Redaktion/DE/Themen/2013/2013_07_10_was_vom_sparen_uebrig_bleibt_private_vermoegen_in_deutschland.html
- http://www.helmut-creutz.de
- http://www.humane-wirtschaft.de/pdf_z/creutz_zinsanteil-in-preisen_diskussion.pdf
- http://www.sueddeutsche.de/wirtschaft/margrit-kennedy-kreditnehmer-sind-die-neuen-sklaven-1.540544-2
- http://www.geldsyndrom.de
- http://www.spiegel.de/wissenschaft/mensch/heutiges-ackerland-koennte-vier-milliarden-menschen-mehr-ernaehren-a-914457.html
- http://www.ag-gwo.de/Plakate/
- http://www.bundesbank.de/Redaktion/DE/Reden/2012/2012_10_10_weidmann_bargeldsymposium.html?nsc=true&nn=87798&view=render
- http://www.bundesbank.de/Redaktion/DE/FAQ_Listen/faq_zum_thema_geldschoepfung.html?docId=322134#322134
- http://www.horstseiffert.de/tefg/ist-die-bilanz-einer-bank-nur-eine-bestandsaufnahme.html
- http://www.berndsenf.de/pdf/Und%20sie%20gibt%20es%20doch%20Die%20Geldschoepfung%20der%20Banken%20aus%20dem%20Nichts.pdf
- http://www.sciencedirect.com/science/article/pii/S1057521914001070
- http://www.bundesbank.de/Redaktion/DE/Standardartikel/Service/Schule_und_Bildung/geldschoepfung.html

- http://www.horstseiffert.de
- http://geldhahn-zu.de/wissen-ist-macht/download-pdf/kov_fh_giralgeldschoepfung-und-kreditausfaelle
- http://www.vollgeld.de
- http://www.guenter-hannich.com/artikel
- http://www.bundesfinanzministerium.de/Content/DE/Monats berichte/2015/04/Inhalte/Kapitel-5-Statistiken/5-1-12-entwick lung-der-staatsquote.html
- https://www.mtholyoke.edu/courses/dvanhand/friedrich/arbeits losigkeit.html
- http://www.zeit.de/2004/21/Verteil__Effekte
- https://www.destatis.de
- http://www.steuerzahler.de/Verschuldung/7688c8973i1p477/
- https://www.bundesbank.de/Redaktion/DE/Themen/2013/2013 _07_10_was_vom_sparen_uebrig_bleibt_private_vermoegen_i n_deutschland.html
- www.merkur.de/wirtschaft/schulden-deutschland-fast-jeder-zehnte-buerger-ueberschuldet-zr-2740822.html
- www.jjahnke.net
- http://www.faz.net/aktuell/finanzen/devisen-rohstoffe/schwei-zer-anleger-negativzins-mit-bargeld-horten-entge-hen-13574453.html
- http://www.wiwo.de/finanzen/boerse/negativzinsen-warum-verschenken-investoren-geld/6051856.html
- http://deutsche-wirtschafts-nachrichten.de/2015/03/31/schw eizer-pensions-kassen-fluechten-wegen-negativ-zinsen-ins-bargeld/
- http://www.bankofengland.co.uk/publications/Documents/ quarterlybulletin/qb120306.pdf
- http://www.sozialoekonomie-online.de
- http://www.rheingoldregio.de
- https://de.wikipedia.org/wiki/Fureai_Kippu
- http://www.welt.de/wissenschaft/article112346452/Kat-ze-Saeure-Hitze-Was-der-Euro-ueberleben-muss.html
- http://www.monetative.de
- http://www.fr-online.de/wirtschaft/maechtige-konzer

ne-147-unternehmen-kontrollieren-die-welt,1472780,11055250.html

- http://www.macro.economics.uni-mainz.de/123.php?folder=Lehre%2FWS1011%2FMakroI&file=Kapitel_10_BW.pdf
- http://www.spiegel.de/wirtschaft/soziales/studie-realloehne-sind-seit-1990-um-bis-zu-50-prozent-gesunken-a-670474.html
- http://www.nachdenkseiten.de/upload/pdf/butterwegge.pdf
- http://www.welt.de/welt_print/wirtschaft/article5786701/Knappes-Agrarland-wird-langfristig-teurer.html
- http://www.lichtwolf.de/artikel.php?id=445&druck=1
- http://kulturrisse.at/ausgaben/032009/oppositionen/raeume-moeglicher-anerkennung
- http://www.spiegel.de/wirtschaft/soziales/0,1518,664205,00.html
- http://www.welt.de/wirtschaft/article6690838/Nur-vier-von-zehn-Frauen-leben-von-eigener-Arbeit.html
- http://www.tagesspiegel.de/politik/art771,2158500
- https://www.youtube.com/watch?v=fNePcv94n6Q